ELOISE
VAN
ORANJE

LEARNING
by doing

Van kleding, koken
tot op kamers gaan;
zó doet Elo het

CLF
MEDIA

Colofon
Tekst: Eloise van Oranje
Recepturen: Eloise van Oranje, familie van Oranje
Nabewerking recepturen: Tjilde Bennis
Foodredactie: Carlijn Bakker
Receptfotografie en bewerking: Sophie Pennings
Eindredactie: Thea Tijssen
Lifestyle fotografie: Esmeé Franken
Bewerking lifestyle fotografie: Jonathan Vorsselman
Fotografie vroeger: privébezit familie van Oranje
Styling: Valérie Ntantu
Visagie: Sjardé Kirioma
Vormgeving: Joyce Zethof

2021 CLF Media - Eloise van Oranje
Eerste druk, juni 2021

ISBN 9789082859898
NUR 450

www.eloisevanoranje.nl
www.clfmedia.nl

CLF Media probeert zoveel mogelijk op een duurzame en verantwoorde manier met natuur en milieu om te gaan. Bij de productie van onze papieren boeken wordt daarom gebruik gemaakt van papier waarvan we zeker weten dat de productie niet tot bosvernietiging heeft geleid.

VOORWOORD

Hier is-ie dan. Mijn eigen boek. Ik kan het bijna niet geloven. Had nooit gedacht dat ik als negentienjarig meisje een boek zou maken (ik was zelfs pas achttien toen ik eraan begon). En eigenlijk moet ik zeggen dat ik dit voor een groot deel aan jullie te danken heb. Jullie hebben mij verwelkomd in deze grote sociale mediawereld en hebben mijn openheid en gekkigheid geaccepteerd. En omdat jullie zo geïnteresseerd zijn, komen er veel vragen mijn kant op. Vragen over allerlei onderwerpen. Over mijn liefde voor kleding, wat ik het liefste eet, op eigen benen staan, zelfverzekerd zijn en nog veel meer. Ik beantwoordde deze vragen regelmatig en bedacht me toen ineens: is het niet én handig én heel leuk om hierover een boek te schrijven?

De inhoud bevat dus onder meer de antwoorden op jullie vragen. Dit is een boek vol dingen waarover ik gepassioneerd ben, waarvan ik houd en die mij gelukkig maken. Ik dacht eerst: hoe ga ik ooit een heel boek over mezelf schrijven? Ik heb daar helemaal geen zin in! Maar juist omdat het over onderwerpen gaat die dicht bij me liggen, vind ik het nog mooier om ze op papier te zien. En ik zeg dit niet vaak, maar ik ben zo ontzettend trots.

xxx

Elo

INHOUDSOPGAVE

42

11

77

23

OVER DIT BOEK

Zoals je al in mijn voorwoord las, vind ik het ontzettend leuk dat je mijn boek in handen hebt. Dat waardeer ik enorm. Ik heb hier zoveel moeite in gestopt en ben er ook zo trots op, dat ik hoop dat je het net zo leuk vindt als ik.

Eigenlijk is dit boek een kijkje in mijn (chaotische) leven. Ik ben me erg bewust van alle bijzondere kansen die ik heb gekregen om de wereld te ontdekken. Ik ben dankbaar dat ik zoveel van huis uit heb meegekregen. Iedere dag leer ik iets over het leven, wie ik ben en wat ik belangrijk vind. En merk steeds meer dat als je stappen zet en je hart durft te volgen, er vaak mooie dingen uit voortkomen. Dit boek heet niet voor niets *Learning by doing*.

Ik ben sinds mijn achttiende publiek actief op social media. En dan vooral op TikTok en Instagram. Al vanaf het begin krijg ik ontzettend veel vragen over van alles en nog wat van jullie, mijn volgers. Vragen over kleding tot mijn studie, van uit huis gaan tot make-up en van recepten tot tips over zelfvertrouwen. Ik begon mijn open account omdat ik veel volgverzoeken kreeg op mijn privé-account, dat daardoor steeds vastliep. En het zijn nog steeds de vragen en berichten van mensen die me stimuleren om te blijven communiceren. En dan nu een boek… *Learning by doing* zou je mijn persoonlijke lifestylegids kunnen noemen. Maar het gaat verder dan dat. Want ik vind juist ook mentale gezondheid, lekker in je vel zitten en werken aan je zelfvertrouwen erg belangrijk. Het komt allemaal in dit boek langs! Dit kun je verwachten:

Hoofdstuk 1 · Het studentenleven

Voor mij voelt het op mezelf wonen als een mooi avontuur. Ik vertel hoe ik ermee omga en hoe ik mijn draai op een nieuwe plek vind. En puur praktisch: hoe je met heel weinig van een plek snel je thuis kunt maken. Aan de hand van mijn ervaringen, een moodboard en tips voor de lekkerste koffie en hapjes 'uit huis' hoop ik je te inspireren om ook 'uit huis' te gaan.

Hoofdstuk 2 · Vintage kleding

De meeste vragen die ik via social media krijg, gaan over mijn liefde voor vintage kleding. In dit hoofdstuk beantwoord ik al die vragen in één keer; waar mijn liefde voor tweedehands fashion vandaan komt, wat de beste plekken zijn om kleding te scoren en ook hoe ik het precies aanpak als ik mooie items wil doorverkopen. Als extraatje zie je (kinder)foto's van mij in de meest geweldige outfits!

Hoofdstuk 3 · Look & Feel

In het vorige hoofdstuk is kleding aan bod gekomen, maar uiteindelijk is het 't innerlijk wat écht telt. Daarom vertel ik ook graag meer over hoe ik ervoor zorg dat ik lekker in mijn vel zit en hoe ik omga met negatieve reacties. Ik deel ook een aantal inspirerende accounts, waarvan ik vind dat ze een positieve boodschap uitdragen. Verder ga ik in dit hoofdstuk verder in op 'looks', en bespreek ik mijn favo make-up en verzorgingsproducten.

Hoofdstuk 4 · Food

Fooood! Sinds ik naar de Hotelschool ben gegaan, ben ik steeds meer zelf aan het koken en ontdek ik hoe leuk dat is. In dit hoofdstuk lees je wat van mijn foodherinneringen en -anekdotes over mijn kindertijd, en deel ik een flink aantal makkelijke recepten die iedereen kan maken. Want geloof me, als ik het kan, kan jij het zeker. Ik deel recepten van vroeger en familiespecialiteiten. Hope you enjoy!

Moodboard
Color: Coffee
Color: Nude
VOGUE

Hoofdstuk 1

LEARNING BY DOING

Het studentenleven

Ik ben de oudste van drie (ondeugende) kinderen. Ik heb een jongere broer van 17, Claus, en een zusje van 15, Leonore. Wij zijn met zijn vijven, zes als je Django, onze hond, meetelt. Een levendig gezin waar het nooit een dag saai is. Voor de buitenwereld kan het lijken alsof wij anders en bijzonder zijn als familie, maar geloof me, ik kom uit een normaal nest en heb op veel vlakken dezelfde opvoeding gekregen als een hoop andere kinderen.

Nadat ik zeven keer ben verhuisd met mijn familie, woon ik inmiddels op mezelf op een studentenkamer. Dat verhuizen is dus wel een aspect in mijn leven dat om een eigen hoofdstuk vraagt ☺. Gelukkig zie ik verhuizen steeds als een spannend avontuur. Zo leuk om nieuwe mensen te leren kennen en mijn kamer opnieuw te mogen inrichten! In dit hoofdstuk vertel ik kort iets over 'thuis', vervolgens over hoe ik verhuizen ervaar, en dan iets over de Hotelschool, waar ik nu studeer én woon!

VERHUIZEN

Ik heb in drie verschillende landen gewoond. Van mijn geboorte tot mijn tweede woonde ik in Londen. Hier weet ik eigenlijk niks meer van. Daarna zijn we naar Brussel verhuisd. In de elf jaar daar hebben we in twee verschillende huizen gewoond. De sterkste herinneringen heb ik aan het tweede huis. Ik kan nog steeds de *vibe* oproepen van toen. Het allerleukste was dat mijn buurmeisje mijn beste vriendin werd, dus het was nooit saai. En toch was ik niet verdrietig toen mijn ouders vertelden dat we naar Nederland gingen verhuizen. Ik had er meteen veel zin in. Mijn broertje en zusje niet; misschien omdat ze nog zoveel jonger waren. Na Brussel kwam Den Haag. Ook hier heb ik in drie verschillende huizen gewoond. De laatste keer verhuisde ik in mijn eentje van Den Haag naar Amsterdam. Dat is voor mij tot nu toe een van de grootste veranderingen geweest. Dat klinkt heel dramatisch, maar was het helemaal niet. Ik was *excited* om bij de Hotelschool te beginnen. Een nieuwe stad, nieuwe gezichten en een nieuwe routine. Ik hou überhaupt enorm van verandering, dus dit was *right up my alley*.

Eigenlijk heb ik school altijd leuk gevonden. Op de basisschool had ik mijn vaste groepje vrienden en vriendinnen, met wie ik alles deed; mijn BFF's. Al ging ik van jongs af aan naast mijn 'vaste' vriendengroep ook altijd met andere groepen om. Toen ik in de brugklas zat, woonde ik nog in Brussel. Voor mij was dit het minst leuke jaar van de middelbare. Ik had wel vrienden, maar vond het jammer dat er geen 'open' sfeer hing op school. Toen ik naar de tweede ging in Nederland werd ik meteen heel lief opgevangen door de meisjes uit mijn klas. We klikten supergoed en vormden een hechte vriendinnengroep. Een van die meisjes uit dat groepje is nog steeds een van mijn beste vriendinnen. Tijdens dat eerste jaar in Nederland deed ik alles met die meiden. Zij waren mijn *safe place*. Ik hield me in die tijd erg bezig met of mensen me wel leuk vonden. Gelukkig was die onzekerheid in de derde klas helemaal weg. Ik had mijn plekje gevonden en ging ook weer meer met andere mensen om, buiten dat groepje vriendinnen. In de vierde had ik een grote vriendengroep bij wie ik me helemaal thuis voelde. Met de meesten van hen heb ik nog steeds veel contact. Ik hou zo van ze!

Hotelschool

Op de Hotelschool werkt het zo; in de school zitten de lokalen en daarboven heb je de campus, waar alle studenten wonen. Je zit dus met iedereen van je studie in hetzelfde gebouw. Zeker in coronatijd is dit het beste van het ergste. School is nog steeds

my life
VOGUE
ENDLESS SUMMER
Succes
volgens het
boekje

streng met allerlei regels, maar je bent wel met allemaal vrienden samen.

De Hotelschool is voor mij persoonlijk de beste studie die ik had kunnen kiezen. Ik zocht echt naar een studie met een goede balans tussen praktijk- en theorielessen. Die balans is op de Hotelschool zeker aanwezig. Verder heb ik deze studie gekozen omdat ik echt nog niet weet wat ik later wil doen en dit een brede studie is waar je alle kanten mee op kunt. Je kunt je na je Bachelor nog verdiepen en specialiseren in van alles. Zo zijn een aantal grote CEO's van bedrijven oud hotello's, maar zie je ook dat veel vliegtuigmedewerkers (zoals stewardessen en piloten, etc.) op de Hotelschool zaten. Wat ook nog echt een fijn aspect is aan deze school, is dat je met al je jaargenoten het eerste jaar intern zit. Op die manier ontstaan er snel sterke banden. Je zit immers 24/7 met elkaar. Je hebt altijd mensen om je heen, dus het is soms 'sociaal' wel heftig, maar ook ontzettend leuk.

Wat tijdens mijn studie heel anders is dan op de middelbare, is dat je letterlijk alles zelf moet regelen. Niemand vertelt je wat je moet doen, wanneer iets af moet zijn of zegt het je als je iets wel/niet goed doet. Je moet het allemaal zelf uitzoeken. Dit is aan de ene kant een beetje vervelend, vooral omdat ik last heb van uitstelgedrag. Maar aan de andere kant is het zo belangrijk om ook zelf achter je fouten te komen en deze dan zelf op te lossen. Dat geeft me altijd een heel 'volwassen' gevoel.

Nu ik op de Hotelschool zit, zijn mijn schoolweken nooit hetzelfde. Het eerste jaar is verdeeld in vier verschillende blokken. Bij het eerste blok, Checking-in, krijg je de basis van verschillende vakken. Het tweede blok heet Dealing With International Guests en daarin draait alles om hoe je omgaat met gasten, maar je krijgt ook veel theorie over verschillende dranken en gerechten. Daarna volgt het blok Exploring & Structuring en Creating Business Value. Bij het eerste gedeelte moesten we veel onderzoeken en een concept bedenken. Dat lag mij totaal niet! Ik kreeg er stress van omdat we zoveel werk in korte tijd moesten verzetten. Het gedeelte over Accounting & Finance ging me een stuk beter af. In het laatste blok, Practical Education, leerden we vooral door te doen. Ik werkte onder meer achter de receptie en in de keuken.

DEN HAAG VS AMSTERDAM

Wat ik mis aan Den Haag als ik in Amsterdam ben, zijn toch wel mijn vrienden en familie. Omdat ik vrij slecht ben in communicatie via whatsapp of bellen, is het fijn om af en toe thuis te komen en met iedereen bij te kletsen. Daarnaast is de rust thuis ook wel fijn. Al kan ik die ook op de Hotelschool wel creëren door bijvoorbeeld in m'n eentje op bed een serie te kijken. Wat ik mis aan Amsterdam als ik in Den Haag ben, is de gezelligheid op de Hotelschool en de stad zelf. Ik wandel bijvoorbeeld veel liever door Amsterdam dan door Den Haag. Overal gebeurt wel wat. Op elke hoek zitten leuke eettentjes en winkeltjes, wat mij heel blij maakt.

Media-aandacht

Dat mijn Instagramaccount enorm groeide, ging best geleidelijk. Het betekent wel dat er steeds meer ogen op me zijn gericht. Zeker in Amsterdam word ik vaker herkend. Ik vind het altijd leuk om mensen te ontmoeten en kort met ze te babbelen. Een negatieve kant van het herkend worden, is dat ik meer media achter me aan heb. Zo word ik weleens gefotografeerd voor de Hotelschool of in mijn privétijd. Dit geeft me een apart gevoel, omdat ik nog steeds een meisje van negentien ben. Terwijl ik door al die media-aandacht soms het gevoel heb dat ik geen fouten mag maken. Iedereen kijkt immers mee! Natuurlijk heb ik zelf voor deze positie gekozen door een openbaar Instagramaccount aan te maken... Maar soms denk ik wel dat de media-aandacht iets te ver gaat. Alles wordt vaak groter en dramatischer gemaakt dan het in werkelijkheid is, waardoor mensen snel kunnen oordelen. Gelukkig heb ik ontzettend veel lieve volgers die me vrijwel altijd een hart onder de riem steken. Ik krijg vaak na een groot 'mediagebeuren' lieve berichtjes van volgers die support tonen. Dit laat zien dat mensen ook míjn kant van het verhaal bekijken, in plaats van direct te geloven wat ze lezen.

Ik heb niet superveel meegenomen van Den Haag naar Amsterdam. Niet veel meer dan wat woonaccessoires en enkele boeken. Daarnaast natuurlijk best veel kleren, wat sieraden en mijn toiletspullen. Nog steeds liggen er veel van deze dingen in Den Haag. Ik kan niet wachten totdat ik echt op mezelf ga wonen en mijn eigen kamer kan inrichten met mijn woonaccessoires uit Den Haag.

Mijn 4 favo studentproof hotspots in Amsterdam

Zürich

Deze eettent staat op het lijstje omdat mijn vrienden en ik hier vaak naartoe gaan. Het is 5 minuten van de Hotelschool vandaan en zit op een superleuke locatie, namelijk op een gezellig plein. Het restaurant heeft een groot terras met leuke versieringen, zoals kleine bomen en lampjes. Mijn aanrader hier? De truffle fries.

Stach

Ik ben hier maar een paar keer geweest, maar ik kan met volle overtuiging zeggen dat dit een van mijn favoriete broodjeszaken in Amsterdam is. Ze hebben meerdere vestigingen. Hun locatie in Amsterdam-West is een mix van een kleine supermarkt waar je allemaal 'bijzondere' producten kunt kopen en een plek waar je heerlijke broodjes en ander lekkers – zoals gezonde maaltijden, verse koeken of een latte to go – kunt halen. Je krijgt ook echt waar voor je geld!

Spaghetteria

Deze pastazaak heeft een leuke sfeer en, *most importantly*, heerlijk eten. Ik wilde 'm per se op dit lijstje erbij zetten, ook al is het een nogal 'basic' restaurantje. Want dit is de plek waar ik in de eerste week van de Hotelschool met de helft van mijn (toen nog niet) jaarclub ben gaan eten. We hebben toen heerlijk gedronken, gegeten en gekletst en zijn later allemaal in dezelfde jaarclub gekomen.

Five brothers fat

Als je zin hebt in een levendige plek vol met gezellige medewerkers, moet je hier naartoe. Het idee is dat je allemaal kleinere hapjes deelt samen. Het is zo onwijs lekker en leuk om naartoe te gaan. Je bent echt een avondje uit!

Samen met mijn zusje Leonore

HET HUIS UIT,
waar moet je aan denken?

Mijn belangrijkste les: het is heel normaal om zenuwachtig te zijn als je aan een nieuw hoofdstuk begint. Het huis uit gaan, is een grote stap. Alles is anders, je weet niet precies wat er allemaal gaat gebeuren. Je wisselt je bekende omgeving in voor iets onbekends. Je zet een stap naar de buitenwereld. Daarmee voelt het alsof je door elkaar wordt geschud en je als het ware uit je comfortzone gaat. Wat je eigenlijk ook doet natuurlijk!

Het is ook best eng om opeens zelfstandig te moeten worden. Je moet van alles regelen en er wordt van je verwacht dat je voor jezelf zorgt. Dat kan misschien voor lichte paniek zorgen. Dat je je afvraagt of het niet allemaal te snel gaat. En of je je ooit ergens anders thuis zal voelen. Of misschien ben je bang dat het allemaal niet gaat zoals je zou willen. Dit soort gevoelens en angsten zijn heel normaal om te hebben. Je bent echt niet de enige.

Kijk, ik vond het ook spannend, maar vooral *exciting*. Als klein meisje was ik al dol op veranderingen. Ik kon ook deze keer dus niet wachten om nieuwe mensen te gaan ontmoeten en in een andere omgeving te gaan wonen. Wat ik fijn vind, is dat ik tijdens het eerste jaar van mijn studie intern woon. Ik hoefde me dus geen zorgen te maken over het vinden van een kamer of huis in het drukke Amsterdam. Ook woon ik met al mijn studiegenoten, waarvan de meesten ook voor het eerst uit huis gaan. Dus je bent niet echt alleen. Toen ik op mijn kamer op de campus kwam, had ik meteen helemaal zin om 'm leuk te gaan inrichten.

Ik heb op de Hotelschool direct geweldige vrienden gemaakt. Iedereen is sociaal, gezellig en brengt iets unieks mee. Omdat je ook letterlijk bij elkaar woont, leer je elkaar snel en goed kennen. Verbazingwekkend eigenlijk om te zien hoe goed ik bevriend ben geworden met mensen die ik eigenlijk pas zes maanden ken.

Mijn tips?

Stel je open voor anderen en vertrouw op jezelf, want je kunt altijd meer dan je denkt. Ik wil graag alles zélf uitproberen, maar durf steeds meer om hulp te vragen.

En vergeet je familie niet. Ik leer steeds meer hoe fijn het is om ze te vertellen waar ik mee bezig ben. Dat je niet meer bij elkaar woont, wil niet zeggen dat je niet meer bij elkaars leven betrokken bent!

Q&A

over op kamers wonen Vragen van volgers, antwoorden van Elo

Ga je, zodra je geen les hebt, graag terug naar je ouderlijk huis?

Elo: "Ik ga niet doordeweeks naar huis, soms in het weekend. Als ik een paar weken niet thuis ben geweest, merk ik hoe erg ik de rust mis. Ik had een periode best veel stress voor een vak en ben toen een paar dagen naar huis gegaan. Ook in de coronatijd heb ik langere periodes thuisgezeten. Dat hielp enorm tegen alle chaos in mijn hoofd."

"Als ik een paar weken niet thuis ben geweest, merk ik hoe erg ik de rust mis."

Hoe onderhoud je vriendschappen met vriendinnen die ergens anders in het land of zelfs ergens anders in de wereld wonen?

Elo: "Eerlijk gezegd, was ik hier vroeger veel beter in. Ik heb nu soms wel contact via sociale media, maar niet zo veel als ik zou willen. Het is wel zo dat als ik weer vrienden en vriendinnen zie van vroeger, het nog steeds makkelijk is om met ze te praten."

Heb je doordeweeks veel contact met het thuisfront?

Elo: "*To be honest:* niet zo veel, oeps. Ik heb veel vriendinnen die elke dag met hun ouders, broers, zussen of grootouders bellen. Ik ben echt niet echt van het bellen naar huis. Wel leer ik het steeds meer omdat ik weet dat het fijn is als ik af en toe app, zeker voor mijn moeder is 't fijn om af en toe iets van me te horen."

Is je band met je broertje en zusje veranderd sinds je het huis uit bent?

Elo: "Hm, moeilijke vraag. Ik denk van wel. Ik spreek ze natuurlijk minder, wat eigenlijk best fijn is (grapje ☺). Ik ben nu met andere dingen bezig die ik niet zo makkelijk met hen kan delen, zoals dit boek en het verkopen van kleding. Maar met Leo praat ik best veel over kleren, zij heeft daar ook interesse in. Soms lenen we ook wel kleren van elkaar. Met Claus praat ik dan weer meer over zijn business. We doen soms zelfs samenwerkingen. Natuurlijk ontwikkelen Claus en Leo zichzelf ook. Zo is Claus niet altijd meer thuis en daarover kan ik goed met hem praten, aangezien ik er ook niet zoveel meer ben."

Moodboard

Foto's: Unsplash

ZO RICHT JE JE KAMER GEZELLIG IN

Mijn go-to platform voor inspiratie is Pinterest. Ik heb daarop verschillende boards gemaakt, zoals ze genoemd worden, met allemaal interieurfoto's die me aanspreken. Deze boards geven je een soort richtlijnen van hoe je het eruit wil laten zien.

Ik woon nu zoals gezegd intern op de Hotelschool. Wat ik nog niet heb verteld, is dat ik mijn kamer deel met een andere student. Dat is gezellig, maar ook best wennen. Je moet namelijk je privéruimte met iemand delen. Wat voor mij al veel scheelt, is dat waar ik ook ben, ik er sowieso altijd en overal voor zorg dat het als een thuis voelt.

Dat laatste kan ook al met kleine dingen. Met gekleurde kussens, vaasjes, bloemen of posters voelt je kamer meteen al als een thuis. Durf patronen te mixen! En als je lichte kleuren gebruikt, lijkt je kamer vaak groter. Persoonlijk vind ik het wat saai als je kamer helemaal beige of wit is. Ik houd bijvoorbeeld meer van pasteltinten. Mijn lievelingskleur is trouwens groen! Ook licht doet veel voor een *cozy* sfeer. Bijvoorbeeld zo'n slinger van lichtjes of kaarsen (pas wel op voor brandgevaar als je kaarsen gebruikt).

Als ik op zoek ga naar accessoires, kijk ik eerst op Pinterest voor inspiratie en ga vervolgens naar een kringloopwinkel. Hier kijk ik of ik items kan vinden die ook op mijn inspiratiefoto's staan of in elk geval dingen die erop lijken. Meestal kun je heel goedkoop de meest unieke accessoires vinden! En stel dat je op zoek bent naar meubels, kijk dan ook in kringloopwinkels of op Marktplaats. Je kunt daar vaak zulke mooie items scoren. Let er wel op dat ze schoon zijn. Twijfel je of iets schoon is? Maak 't dan zelf goed schoon voor je het gaat gebruiken.

Mijn woonstijl

Mijn favoriete interieurstijl is een mix van rustige kleuren - wit, beige en lichtbruin (hout) gemixt met sprekende kleuren en items die er echt uitspringen. Dit kunnen kleine dingen zijn zoals kaarsen, boeken of planten. En als je de ruimte hebt, kan het ook iets groters zijn, zoals een poef, stoelen of een deken op de bank.

Mijn vintage kleding sla ik bij mijn ouders op, daar heb ik geen plek voor in Amsterdam. Vanuit Den Haag verkoop ik die kleding dan weer. Daarover vertel ik meer in het volgende hoofdstuk.

Mijn favo vintage winkels

Zipper

Episode

Reshare Store

Rataplan

Liefs,
Elo

Hoofdstuk 2

LEARNING BY DOING

Vintage kleding

SHOPPEN VAN VINTAGE KLEDING

Als je mij volgt op Instagram, heb je vast meegekregen dat ik me steeds meer bezighoud met het kopen van tweedehandskleding. Dit ben ik gaan doen, omdat ik me realiseerde dat we met z'n allen altijd ontzettend veel nieuwe spullen kopen. Waarom doen we dat eigenlijk? Je kunt namelijk zoveel leuks vinden in tweedehandswinkels. Het is goedkoper en het is zoveel beter voor het milieu. Bovendien zijn de kledingstukken in vintage shops vaak unieke stukken, niet items waar iedereen al mee loopt. Vroeger had ik nog geen idee van de enorme impact van *fast fashion*. Inmiddels weet ik beter. Er hangt zeker niet alléén vintage in mijn kledingkast. Maar ik koop momenteel wel vooral tweedehands kleding. Het vinden van een mooie jas of trui in een vintage winkel geeft me een voldaan gevoel omdat ik dan echt iets van waarde heb gevonden. Iets met een eigen uitstraling en persoonlijkheid. Maar eerlijk gezegd is het voor mij niet haalbaar om nooit meer *fast fashion* te kopen. Als ik zoiets koop, maak ik wel een bewuste keuze.

5 FAVO VINTAGE SHOPADRESSEN

Als jij het ook leuk vindt om voor weinig geld mooie kleding met een verleden te scoren, dan heb ik hier een lijstje met de leukste vintage kledingwinkels voor je. Het zijn mijn favoriete adressen in Amsterdam en Den Haag voor het vinden van tweedehands pareltjes. Top toch, als je op die manier ook nog je steentje kunt bijdragen aan een mooiere planeet?

Zipper in Amsterdam

Deze winkel heb ik onlangs ontdekt. Hij is best klein en bevindt zich in de bekende '9 straatjes', in het centrum van Amsterdam. Ze verkopen hier van alles. Van T-shirts tot rokjes en van broeken tot truien. Een van mijn lievelingstruien komt hier vandaan, een royal blue Lacoste-trui. De kleding hier is iets duurder dan in de gemiddelde tweedehandswinkel, omdat ze echt vintage verkopen. Je vindt hier dus juist de wat duurdere merken als Wrangler, Levi's en Nike, maar ook een merk als Harley Davidson scoor je hier.

Episode in Amsterdam

Bij Episode moet je wel echt goed zoeken, maar dat maakt het ook weer extra leuk als je iets moois vindt. Ik ga door elk rek en kijk naar elk kledingstuk. Zo ontdek ik vaak de leukste items. Wat je wel moet weten, is dat deze kledingstukken iets duurder zijn.

Episode in Den Haag

Ik heb hier hetzelfde als bij Episode in Amsterdam. Er zijn leuke items, maar daar moet je wel je best voor doen! Ik vind het jammer dat het wat duurder is, maar dat hoort erbij. Ik heb hier bijvoorbeeld een heerlijke 'sporty' korte broek gevonden, die perfect is voor de zomer. Als ik hier iets tofs vind, is dat voldane gevoel extra groot.

Reshare Store in Den haag

Dit is een gave winkel die ook lekker ruim is. Alles is goed gesorteerd, op maat en kleur. Ik ben hier pas twee keer geweest, maar heb er goed gescoord.

Rataplan in Den Haag

Dit is een enorme kringloopwinkel waar ze niet alleen kleding verkopen, maar ook andere tweedehands dingen, zoals meubels, servies, boeken en zelfs fietsen. Dit lijkt overweldigend, wat het ook een beetje kan zijn, maar je moet er relaxed in gaan. Neem de

tijd en kijk hier ook weer op je gemakje naar elk rek. Dan vind je er echt wel iets!

Mijn vintage tip

Mijn gulden regel voor shoppen in een tweedehandswinkel: ga door alle rekken of bakken heen. En bekijk echt elk kledingstuk. Nu denk je misschien: een polo is niks voor mij. Maar toch, probeer ook langs dat rek met polo's te gaan. Wie weet vind je er toch iets wat echt bij jou past. Iets anders wat ik heerlijk vind om te doen, is er echt een uitje van maken. Met een lekker muziekje op rustig naar verschillende winkels gaan. En er dan ook echt de tijd voor nemen.

25 kilo vintage kledingpakket

Ik zag op TikTok voorbijkomen dat je een 25 kilo vintage kledingpakket kunt kopen. Je begrijpt dat ik als vintagefanaat op slag verliefd was op dit idee. Ik zocht het online op en constateerde dat het best duur was. Om je een idee te geven: mijn pakket kostte 750 euro, maar je hebt ook goedkopere. Ik heb 't pakket wel aangeschaft, want ik zag dit puur als een investering. Ik wist namelijk dat ik niet álle truien zelf zou houden. En dat er vast veel animo zou zijn voor de truien die ik zou willen verkopen. Ik krijg veel privéberichten van mensen die moeite hebben met het vinden van goede en leuke items in vintage winkels. Mijn idee was dus om een paar truien zelf te houden en de rest te verkopen. Op de truien die ik verkocht, kreeg ik allemaal positieve reacties. Zo leuk om te zien! Mensen waren erg blij dat ze eindelijk zo'n vintage trui hadden. Ook sturen ze vaak foto's met hun – bij mij gekochte – trui aan. Het staat ze allemaal zo goed!

Kledingstukken in vintage shops zijn vaak unieke stukken, niet items waar iedereen al mee loopt.

ZO CREËERDE IK MIJN EIGEN BIJBAANTJE:

het verkopen van vintage kleding

Als ik kleding koop, houd ik het volgende in gedachten: als ik iets aanschaf, moet ik een ander kledingstuk weg doen. Dat gaat gelukkig best gemakkelijk. Aan sommige kledingstukken hecht ik veel waarde, maar bij de meeste items kost het me geen moeite om ze weg te doen. Mijn motto is: als ik er niet vrolijk van word, kan het vast meer liefde krijgen bij iemand anders.

Wil jij dit ook? Dan volgen hier mijn tips om vintage kleding te verkopen. Let op: dit is hoe ik het heb aangepakt, dat wil natuurlijk niet zeggen dat dit de enige juiste manier is, hè! Maar doe er je voordeel mee en gebruik de tips waarvan jij denkt: jaaaa, dat wil ik ook zo doen! (En leer van mijn 'misstappen', want die waren er natuurlijk ook ☺) . Succes.
Komen ze:

Tip 1

Bedenk welk platform je wil gebruiken

Er zijn een paar platforms waarop je je kleren makkelijk kunt verkopen, zoals Vinted. Ik zat eerst op United Wardrobe, maar toen ik een groter bereik op Instagram kreeg, besloot ik over te gaan op het verkopen via Instagram. Het voelde ook persoonlijker om m'n kleding via Instagram te verkopen en op deze manier was het ook goedkoper voor de koper.

Het leek me leuk en makkelijk om de verkoop via Instagram-stories te doen. Maar niets bleek minder waar. Het was niet te doen om het overzicht te houden met zoveel reacties. Toen raadde iemand me aan om hier een nieuw Instagramaccount voor aan te maken. Dat bleek een perfect idee. In eerste instantie postte ik foto's van mijn kleren en vroeg ik mensen te reageren via een privébericht. Dat was alsnog onhandig, omdat het ook met een apart account lastig was overzicht te creëren in de wirwar van privéberichten. Bieden in de reacties bleek de oplossing. Mijn account is dus helemaal bedoeld voor de doorverkoop van mijn oude of ongedragen kleren. Ik dacht eerst dat niemand iets zou kopen, maar mensen waren vanaf het begin superenthousiast! Dat maakt me zo blij.

Tip 2

Een leerproces

Het verkopen van kleding was voor mij echt een leerproces. Bij elke verkoopronde leerde ik weer andere dingen. Ik moest kijken wat het handigst was, wat het beste overzicht gaf en wat mij de minste stress opleverde. Ik ben ook op zoek gegaan naar mensen die me op een constructieve manier konden vertellen hoe het misschien beter kon. Al die adviezen waren zo fijn!

Durf dus gewoon te beginnen en doe het op je eigen manier. Je krijgt er steeds meer ervaring in en weet op een gegeven moment precies welke kleding het goed doet, welke minder, hoe je het op een zo mooi mogelijke manier presenteert en zo leuk mogelijk opstuurt (mocht je aan dat laatste net zoveel waarde hechten als ik ☺). Een kaartje en cadeautje maken het nog persoonlijker. Het klinkt misschien gek, maar ik kan echt genieten van dat inpakken.

Het leuke is dat ik echt verliefd ben geworden op het hele verkoopproces. Van foto's maken van de kleding tot een berichtje krijgen van de koper waarin hij of zij vertelt dat alles goed is aangekomen. *Love it!*

Tip 3
Zo maak ik de foto's

Ik stapel wat dozen op elkaar totdat ze op dezelfde hoogte staan als mijn lengte. Dan zet ik mijn telefoon neer, schakel de self timer in, *strike a pose* en klaar is Elo. Vervolgens maak ik nog een '*flat lay*' (dit betekent letterlijk 'plat leggen') van het kledingstuk én een foto van het label waarop je het merk en de maat goed kunt zien. Het hoeft echt allemaal niet zo fancy of moeilijk te zijn!

Tip 4
Zo pak ik de kleding in

Ik verstuur alles zo duurzaam mogelijk; hergebruik de verpakkingen van pakketten die ik zelf ooit heb ontvangen. En koop dus geen nieuwe dozen of plastic zakken. De eerste maanden dacht ik dat kopers het misschien raar zouden vinden dat ze hun kleding in zo'n gerecyclede verpakking zouden ontvangen, maar ze waarderen het juist. Zo vraag ik ook altijd aan mijn zusje Leonore of ze haar oude verpakkingen kan bewaren. Gelukkig krijg ik er sowieso veel van mijn broer Claus, omdat hij een schoenenbedrijf runt en zodoende veel dozen heeft.

Tip 5
Foto van de nieuwe eigenaar

Als ik een foto van de nieuwe eigenaar of eigenaresse krijg waarop hij/zij het gekochte kledingstuk showt, ben ik helemaal blij. Het staat ook altijd zo goed! En het is fijn om te zien dat het item een tweede leven krijgt. Ik plaats de reacties van de kopers altijd in mijn stories. En daarbij dus ook foto's van mensen die het item dragen. Vanzelfsprekend vraag ik van tevoren of ze daar akkoord mee gaan.

Tip 6
Het bepalen van de (door)verkoopprijs

Ik wil mijn kleding niet duur maken. Vooral niet omdat ik het zelf heel irritant vind als ik in een tweedehandswinkel alleen maar kleding zie die onwijs duur is. Want het blijft toch tweedehands. Ik geef een minimumprijs aan en mensen kunnen dan bieden in de comments. Als de biedingen sluiten, kijk ik wie het hoogst heeft geboden. Diegene stuur ik dan een berichtje. Voor de vintage truien heb ik wel een hoger minimumbedrag gevraagd, omdat deze ook meer waarde hebben. Ook omdat ik ze zelf heb gekocht en het liefst geen verlies wil lijden.

Reacties

Ik krijg eigenlijk alleen maar enthousiaste reacties. De paar negatieve reacties die ik ontvang, gaan over geld. Dan zeggen mensen dat ik al genoeg geld heb. Of dat ik het vast 'alleen maar voor het geld doe'. Dat is zó niet waar! Ik doe het omdat ik niet wil dat mensen hun kleren zomaar weggooien. En hoe leuk is het om een tweede leven te geven aan kleding die je toch niet meer draagt?

Vaak krijg ik de vraag of ik het vies vind om tweedehands kleren te kopen. Nee, totaal niet. Ik was de kleding sowieso voor het dragen. Dit doe ik ook als ik iets bij een 'normale' winkel koop. Je weet niet waar die kleren zijn geweest.

Hieronder de stappen die ik doorloop in het verkoopproces:

1. Kleren uitkiezen die ik niet meer draag.

2. Foto's maken: van het item zelf, maar ook van mezelf als ik het kledingstuk aan heb.

3. Ik maak een Insta-post met daaronder een tekst over de maat, het merk en hoe het kledingstuk bij mij zit. Ik zet erbij wat de minimumprijs is en leg uit hoe je moet bieden.

4. Ik vertel in mijn stories wanneer de biedingen sluiten.

5. In de tussentijd beantwoord ik vragen en zoek ik uit hoe ik de kledingstukken het beste kan versturen (sommige truien gaan in dozen en topjes juist in kleinere pakketjes).

6. Als de biedingen zijn gesloten, kijk ik wie het hoogst heeft geboden en reageer ik op hun comment of ze me een bericht kunnen sturen.

7. Ik kijk naar alle berichten en inventariseer wie wat heeft gekocht. Dit schrijf ik allemaal in een notitieboekje.

8. Ik bedank de koper, want ik ben altijd heel blij als een item is verkocht! Ook vraag ik de koper zijn of haar naam en adres.

9. Als dit gedaan is, stuur ik een Tikkie (het bod en de verzendkosten opgeteld). En wanneer iemand meerdere items heeft gekocht, geef ik diegene een leuke korting ☺.

10. Ik pak de kleren in en doe er (bijna) altijd een klein cadeautje bij zoals een armbandje, oorbellen, ketting of een scrunchie. En natuurlijk een kaartje.

11. Ik print alle verzendlabels en plak ze op de dozen/plastic zakken.

12. Ik ga met alle pakketjes naar het dichtstbijzijnde PostNL-punt

13. En *there they go.*

14. Ik wacht de reacties af. Hopelijk zijn ze allemaal positief!

LOVE LOVE LOVE

Hoofdstuk 3

LEARNING BY DOING

Look & feel

INNER THOUGHTS

Als je net als ik veel tijd op social media – vooral op Instagram – doorbrengt, zie je veel perfecte plaatjes voorbijkomen. En ja, ik ben ook maar een mens, dus de perfecte beelden die ik daar zie, maken mij weleens onzeker. Waarschijnlijk is iedereen weleens onzeker over iets. Eerlijk gezegd heb ik daar mijn hele leven wel last van gehad.

Onzekerheid

Ik weet nog dat ik vroeger vooral onzeker was over mijn gedrag en over hoe ik overkwam op mensen. Ik kon dan na een gesprek vaak denken: wat vonden ze van me? Heb ik niks raars gezegd? En ga zo maar door. Ik heb dit op een gegeven moment, zo rond mijn vijftiende, losgelaten. Waar ik wel langer onzeker over ben geweest – en soms nog steeds kan zijn – is mijn uiterlijk. Ik had altijd wel iets wat ik níet mooi vond aan mezelf. En als ik nu terugkijk naar foto's van vroeger, denk ik echt: hoe kon ik nou over iets van mijn uiterlijk onzeker zijn? Dat slaat echt nergens op. Ik merkte dan dat ik sommige kleren niet aan wilde omdat ik daarin te veel liet zien waar ik onzeker over was. Of dat ik een hele dag alleen maar kon denken aan mijn uiterlijk en aan wat mensen daarvan vonden. Terwijl ik nu zeker weet dat het helemaal niemand iets uitmaakt hoe ik eruitzie. Soms kunnen dat soort onzekere buien weer ineens de kop opsteken. Mijn onzekerheid komt in vlagen. Ik kan het een lange periode niet hebben. En dan uit het niets weer erg onzeker zijn. Dan komt dat gevoel terug wat ik vroeger had: dat ik geen kleren aan wil die 'te veel' laten zien. Daar komt misschien ook wel mijn liefde voor oversized kleren vandaan. Ik voel me daarin niet bekeken en voel me hierin meer op mijn gemak en een stuk comfortabeler dan in strakke kleding.

Als dat onzekere gevoel ineens weer komt opzetten, probeer ik – om daar dan uit te komen - altijd maar te bedenken dat ik niet de enige ben met onzekere buien. En dat er ook zoveel mensen jaloers zijn op iets waar jij zelf heel onzekerheid over bent. Als jij bijvoorbeeld zegt: 'Ik vind mijn neus niet mooi', dan weet ik zeker dat er wel duizend andere mensen zijn die een moord voor jouw neus zouden doen. Iedereen is wel onzeker over iets, terwijl anderen dat bij jou juist als iets heel moois kunnen zien.

Ik zou graag in een *mindset* komen waarbij het me niet uitmaakt wat mensen van mij of mijn lichaam vinden, want het zit eigenlijk alleen maar in mijn hoofd. Zo heb ik het gevoel dat ik sommige kledingstukken niet kan aantrekken omdat ze te bloot zijn. En dat ik dan te veel laat zien van mijn lijf. Of dat iets me niet goed staat en ik er niet het goede lichaam voor heb. Zo zou ik heel graag kortere topjes willen dragen, maar ik heb dan het gevoel dat het niet flatterend is voor mijn figuur. Zo doe ik sommige strakke jurkjes niet aan omdat je daarin heel goed mijn lichaam kunt zien. Tegelijkertijd weet ik dat dit nergens voor nodig is. Waarom zou ik mezelf zo blokkeren?

Comfortzone

Momenteel zit ik in een fase waarin ik aan doe wat ik zelf wil, maar het is nog steeds allemaal binnen mijn comfortzone. Ik blijf een soort grenzen in mijn achterhoofd hebben die ik eigenlijk niet zou moeten hebben. Ik wil weg van het idee dat ik sommige kledingstukken niet kan dragen, alleen omdat ik denk dat ik er niet het 'perfecte' lichaam voor heb. Daarom wil ik ook uit mijn comfortzone stappen, want dan laat ik aan de buitenwereld, en aan mezelf, zien dat kleren niet alleen maar geschikt zijn voor bepaalde lichaamstypen.

Ik ben nooit bang om nieuwe stijlen, items en kleurcombinaties uit te proberen, maar ik heb 't gevoel

dat ik mezelf nog steeds tegenhoud. Alleen maar omdat ik mijn lichaam niet mooi genoeg vind om te laten zien. Het liefst zou ik een houding hebben waarbij ik geen grenzen voor mezelf opstel en zo creatief mogelijk kan zijn met mijn stijl. Waarschijnlijk komt dat met de jaren, ik ben natuurlijk ook pas negentien.

Unfollow

Een tijdje geleden realiseerde ik me dat ik me minder wilde laten beïnvloeden door al die perfecte plaatjes die ik op social media zag. Wat mij daarin heeft geholpen, is om me te realiseren dat wat je op Instagram ziet, vooral momentopnames zijn. En dan is het ook nog de beste foto van een reeks van honderd foto's. Dit laat zien dat social media zo ver van het echte leven staat. Omdat ik minder onzeker wilde worden van een rondje scrollen op Instagram, ben ik accounts gaan ontvolgen van mensen met wie ik mezelf steeds vergeleek. En aan de andere kant ben ik juist mensen gaan volgen die een lichaam hebben dat op dat van mij lijkt. En accounts die voor *body positivity* staan. Vervolgens ben ik accounts gaan volgen die laten zien dat wat je op Insta ziet, bijna allemaal nep en onwijs geposeerd is.

Maar het is makkelijker gezegd dan gedaan om je er continu van bewust te zijn dat alles geposeerd en een momentopname is. *Trust me, I know.* Het kost tijd en duurt soms lang, maar weet dat je je echt beter voelt als je je niet continu vergelijkt met anderen. En dus sommige accounts maar beter kunt ontvolgen.

Dat een Instagram-post een momentopname is van jou op je mooist, is in mijn geval natuurlijk niet anders. Ik kan je niet vertellen hoeveel onderkinfoto's er van mij zijn gemaakt (spoiler: veel). En ja, ik kies dan tóch de beste foto – juist die zónder onderkin ☺ – om te posten. Gelukkig heb ik meerdere keren, van mensen die mij ontmoetten, gehoord dat ik in 't echt precies zo ben zoals ik mezelf online profileer. Dat maakt me blij.

Negatieve reacties

Natuurlijk krijg ik – net als veel andere mensen die zichtbaar zijn – niet alleen maar positieve reacties op mijn posts. Hoe ik omga met negatieve reacties, is een heel avontuur geweest. Vroeger was ik zo bezig met de meningen van andere mensen, met wat iedereen van me vond. Ik kon enorm van slag raken als ik reacties las over mijn familie. Vooral als ik wist dat het helemaal niet waar was. Gelukkig kan ik nu met trots zeggen dat de mening van anderen mij niks meer doet. Zelfs als ik een negatieve reactie onder een van mijn foto's op Instagram zie staan. Ik bedenk me altijd: jij bent degene die míj aandacht geeft. En dan ook nog negatieve aandacht. Dus wie van ons is er nou zielig? Ik bedoel dit niet gemeen. Maar denk vooral: hoe zielig is het dat je de tijd neemt om iemand slecht te laten voelen over zichzelf? Het kan iemand zoveel doen als je iets onaardigs zegt, terwijl het jouw dag niet zou veranderen als je níets negatiefs zou plaatsen. Zelf heb ik nog nooit een negatieve reactie geplaatst. Behalve als iemand discrimineerde of seksistisch was; bijvoorbeeld onder filmpjes waarin werd gezegd dat mannen beter zijn dan vrouwen. Maar verder nooit. Waarom zou ik mijn tijd besteden aan mensen die anderen een slecht gevoel geven, terwijl ik ook gewoon door kan gaan met mijn dag?

Dipje

Als ik niet lekker in m'n vel zit, luister ik erg naar wat mijn lichaam wil. Meestal zoek ik dan afleiding. Of het nou afspreken met vrienden is of lekker een serie kijken in bed met wat lekkers. Maar als ik het gevoel heb dat ik moet huilen, dan doe ik dat. Ik huil het eruit en blijf vooral niet in die dip hangen. Ik kijk in de spiegel en probeer mezelf er met zoveel mogelijk kracht van te overtuigen dat ik goed genoeg ben. Dat ik niet zo down moet zijn en dat het allemaal goed komt. Dat werkt meestal wel!

Open minded

Wat ik heel belangrijk vind en wat ik ook altijd heb meegekregen vanuit huis, is om zo open minded mogelijk te zijn. Niemand buitensluiten, iedereen hoort erbij. Op de Hotelschool doe ik dit ook: ik wil zo veel mogelijk mensen spreken en ontmoeten. Ik vind het dan ook echt vervelend als mensen in hun groepje blijven en onaardig doen tegen mensen daarbuiten. Open minded betekent voor mij dat je echt nieuwsgierig bent naar anderen. Iedereen heeft een eigen verhaal. Leef je in in de ander en realiseer je dat niet iedereen hetzelfde is. Dat is juist leuk! En open minded betekent ook dat je iets van jezelf laat zien. Over wat jíj belangrijk vindt. En waar jíj voor staat.

> Je kunt niet alles laten gebeuren en denken dat het goed komt. Ik merk dat ik daar al best wat stappen in heb gezet.

Hard werken

Ook heb ik van jongs af aan meegekregen dat je hard moet werken voor je doelen. Alleen maar achterover zitten en het laten gebeuren, is niet de oplossing. Het minimale is niet goed genoeg om naar te streven. Mijn ouders waren niet heel streng met cijfers, maar als ik een 6 terugkreeg en zelf zei dat dit prima was, "want ik heb 't toch gehaald?" Dan waren ze het daar niet echt mee eens. "Waarom voor een 6 gaan als je ook voor een 8 of 9 kan gaan?" Hier hebben ze helemaal gelijk in. Je kunt niet alles laten gebeuren en denken dat het goed komt. Ik merk dat ik daar al best wat stappen in heb gezet.

No stress

Het klinkt een beetje tegenstrijdig, maar ik kan heel snel gestresst raken. Ik heb namelijk een beetje last van uitstelgedrag. Daar bovenop vind ik het echt lastig om mensen om hulp te vragen. Bijvoorbeeld met school. Dan heb ik het heel druk, maar mijn instelling is altijd: het komt goed en ik moet het zelf oplossen. Als ik dan merk dat het toch allemaal wel veel is, raak ik een beetje in paniek. Ik wil het namelijk altijd goed doen, en het liefst in mijn eentje. Maar ik moet leren om op tijd om hulp te vragen. Mijn ouders helpen me altijd als ik weer eens in de stress schiet. Ze zeggen ook elke keer: "Elo, vraag het op tijd, dan kunnen we je in alle rust helpen." Ik reageer dan standaard met: "I know, I know." Drie keer raden wat er de volgende keer gebeurt... Juist, precies hetzelfde! Maar ik ben 't aan het leren en zie ook steeds meer in dat al dat gestress nergens voor nodig is. Ik moet gewoon op tijd beginnen!

Instagramaccounts die de moeite waard zijn:

Impact
@impact

Ze delen content over verschillende maatschappelijke problemen, zoals ongelijkheid tussen mannen en vrouwen, black lives matter, politieke issues, etc. Ik vind het belangrijk om dat allemaal mee te krijgen.

Danae | Angles + Self Love
@danaemercer

Danae laat de imperfecte kanten zien van zichzelf. Ze plaatst vaak side-by-side foto's van zichzelf. Op de ene foto poseert ze dan onwijs; er is geen stretchmark of rimpel te zien. En op de andere foto zoomt ze dan bijvoorbeeld in op haar cellulitis. Zo laat ze zien dat niets is wat het lijkt.

Emily Bador
@darth_bador

Emily Bador is een prachtige jonge vrouw die op een subtiele manier body positivity laat zien. Ze zegt nooit in de caption: hou van jezelf, je bent mooi hoe je bent, etc. Maar ze post dan een foto met vetrollen in haar buik. Vetrolletjes hebben, is natuurlijk helemaal menselijk, maar op social media is nooit een imperfectie of rimpel te zien. Zij laat dus op een subtiele manier zien hoe mooi iedereen is.

Chnge
@chnge

Dit account post ook veel informatie over sociale problemen in de wereld. Alleen zijn ze meer gericht op fashion. Ze vinden sustainability en consciousness heel belangrijk. Ze verkopen ook hun eigen lijn met sustainable kleren.

Feminist
@feminist

Een account waarbij alle posts over – je zag het al aan de naam natuurlijk – feminisme gaan. Ik ben zelf vrij uitgesproken over gelijkheid tussen mannen en vrouwen. Ik kan niet geloven dat er anno 2021 nog steeds mensen zijn die vinden dat mannen 'beter' zijn. Of dat sommige mensen nog traditionele ideeën hebben over hoe een man en vrouw zich moeten gedragen. Dit account laat verschillende standpunten zien over dit onderwerp.

Shit bloggers post
@shitbloggerspost

Dit account is eigenlijk meer een grapje. Ze laten zien dat influencers en bloggers eigenlijk onwijs veel hetzelfde posten. Het is grappig om te zien hoe iedereen steeds alles overneemt van elkaar.

LOOKS

Het tweede deel van dit hoofdstuk begin ik met het omschrijven van mijn eigen stijl. Maar wat is nou precies mijn stijl? Een tijdje geleden maakte ik een filmpje met foto's van mijn outfits. Daarbij vroeg ik aan mijn volgers op Instagram om mijn stijl te omschrijven. Wat ik toen het meest voorbij zag komen, was 'chic street style'. Hier kan ik me best in vinden. Maar eigenlijk is mijn kledingstijl inmiddels weer veranderd. En hoe ik díe dan moet omschrijven? Geen idee eigenlijk. Om jullie een beeld te geven: mijn go-to outfit is een broek (dat kan jeans zijn of een flared pants), met een oversized trui erop. Maar er zijn ook dagen dat ik een leuk topje aandoe in plaats van een trui, dus het hangt nogal van mijn bui (en het weer) af.

En geloof me: ook ik zie er – net als de meeste meiden – niet elke dag uit om door een ringetje te halen. Maar ik probeer wel vaak mijn best te doen, want dat geeft je toch een goed gevoel. Maar ook de joggingbroek-met-oversized-trui-dagen blijven heerlijk. Welke stijl dan ook: ik zit meestal beter in m'n vel in een outfit waarvan ik voel dat-ie écht bij me past. Daar is volgens mij geen regel voor; dat is puur gevoel. Als ik iets aan heb wat niet echt mijn ding is, merk ik direct dat ik veel minder zelfvertrouwen heb. Ook tijdens de fotoshoot van dit boek had ik daar 'last' van. In outfits die totaal niet mijn stijl waren, zag je dat meteen op de foto: minder vrolijk en natuurlijk. Je snapt dat je die dus ook niet terugziet in dit boek. Grappig eigenlijk dat verschillende kledingstukken zoveel invloed op je stemming kunnen hebben. Mijn tip is dus ook: blijf dichtbij jezelf, volg je eigen pad.

Ik moet eerlijk zeggen dat ik niet echt trends volg, al laat ik me wel inspireren door mensen om me heen en door wat ik zie op Instagram en Pinterest. Dus ik ben zeker modegevoelig, maar zal niet snel een kledingstuk kopen, puur omdat het een trend is. Volgens mij worden we wel steeds verleid om dat te doen. Als dat verkeerd uitpakt, is het best zonde van het geld. Maar wat ik wel herken, is het uitvogelen van je stijl. Juist ook door dingen te kopen die niet bij je blijken te passen, leer je steeds beter wat je stijl is.

Focus op jezelf

Wat ik echt totaal niet snap, is haat over andermans kleding. Dat je je ergert omdat zijn of haar kleding 'te basic' of juist 'te overdreven' zou zijn. Laat mensen vooral doen waar ze zin in hebben! Laat je niet van de wijs brengen. Als jij een legging met trui aan wil doen, who cares? Of als je een jurk aantrekt met een model dat allang uit de mode is; nou en? Wat maakt het uit? Het gaat om lekker in je vel zitten.

Mijn vraag aan alle 'haters': waarom zou je je zo druk maken om andermans kledingstijl en -keuzes? Als een jongen een rok aan wil doen, wat dan nog? Als een meisje geen vrouwelijke kleren wil dragen, maar dol is op oversized broeken en truien, waarom zou ze die dan niet aan mogen? Ze doet er toch niemand kwaad mee? Het is juist logisch dat je iets wil dragen waarin je je op je gemak voelt. 'Haten' op elkaar voelt op alle fronten als *wasted energy*!

Gevoel voor mode

Vanaf ongeveer mijn elfde ging ik echt letten op wat ik allemaal aandeed. Ik was verliefd op jurken, lange kettingen en clipoorbellen van mijn moeder. Ik kan me herinneren dat we op de laatste dag van de zomervakantie meestal een bonte avond hielden met het gezin. We organiseerden die avond met z'n allen. Iedereen bracht zijn eigen ideeën in. Ik wilde dan elke keer een modeshow of performance doen. Muziek op en *shinen*. Dan ook weer met een jurk aan, veel sieraden en stiekem een beetje make-up op van mijn moeder. Ik was toen behoorlijk *picky*. Mijn vader of moeder kon niet zomaar met iets thuiskomen uit de winkel, ik zocht m'n kleding het liefst zelf uit. Toen ik iets ouder was, kwam ik in een andere fase terecht waarin ik juist meer neigde naar broeken en T-shirts. Ik had wel honderd verschillende T-shirts. Allemaal met prints erop. Van 'You & Me Forever' tot 'True Love' in een hartje.

Toen ik in de brugklas zat, woonde ik nog in Brussel waar ik van mijn tweede tot dertiende heb gewoond. In België is op veel scholen een uniform verplicht; ook op mijn middelbare school. Wij moesten een lichtblauwe blouse aan met een donkerblauwe trui en een donkerblauwe broek of rok. Je schoenen moesten bruin, donkerblauw of zwart zijn. Lichtgekleurde schoenen waren een *no go* op school. Ik weet nog dat ik van tevoren zei: "Wow, dit is echt fijn, nu hoef ik 's morgens niet lang na te denken over wat ik aan moet doen!" Maar juist in die tijd merkte ik hoe leuk ik het vond om mijn eigen kleren uit te zoeken en niet steeds mijn uniform aan te moeten hebben. Als ik terugkwam van school, deed ik dan ook meteen een andere outfit aan.

Vanaf de tweede klas woonden we weer in Nederland en pikte ik snel op wat de typische stijl en trends waren, al deed ik er nooit echt aan mee. Ik vond het niet lelijk, maar het was simpelweg niks voor mij. De trends van Airforce-jassen en Sendra-laarzen gingen totaal aan mij voorbij. Ik denk dat het vooral wat saai voelde om er hetzelfde uit te zien als anderen.

In de derde van de middelbare school wilde ik mijn eigen stijl ontwikkelen en deed er ook echt mijn best voor. Het was nog steeds best 'basic' wat ik droeg, maar ik probeerde wel mijn eigen twist eraan te geven. Zo droeg ik bijvoorbeeld wel een flared broek, toen best een trend, maar dan combineerde ik deze 'basic' met een oversized trui en een jeans jasje. Het was dus nog steeds basic, maar ik probeerde wel zo veel mogelijk weg te blijven van trends. Ik begon het steeds leuker te vinden om mijn stijl te verbeteren en ging actief op zoek naar inspiratie. Zo begon ik op Pinterest en Instagram mensen te volgen die zich met stijl bezighielden. Ook liet ik me inspireren door mensen om me heen. Dit hielp me om een breder beeld te krijgen van mode en verschillende stijlen. En vooral om daar mijn eigen gevoel en mening over te vormen.

Mijn stijl groeit met me mee. Het is leuk om te merken dat dat ook veel van mijn Instagram-volgers opvalt. Ik leer steeds meer om aan te trekken wat ik wil. Wie moet je anders blij maken dan jezelf? Het geeft zo'n vrij gevoel om aan te doen wat je zelf lekker vindt zitten. Mensen die kritiek hebben, blijven er altijd. Ik denk dan: hoeveel je ook om mode geeft, het zijn maar kleren.

Sieraden: accenten op je outfit

Mijn ringen en armbanden wissel ik ongeveer elke dag. Ik heb meestal meerdere kettingen om, vaak drie of vier. Ik blijf fan van *layering*. Sieraden maken een outfit helemaal af, dus ik kies ze afhankelijk van hoe ik me die dag voel. Ik voel me soms ook 'naakt' als ik helemaal niks om heb. Ik heb een paar sieraden die ik elke dag om doe, daarover straks meer. In beide oren heb ik twee gaatjes. Ik doe altijd hoops

(grote ringen) in de eerste gaatjes en kleinere oorbellen in de tweede gaatjes. Ik heb geen vast adresje waar ik mijn sieraden koop. Mijn sieraden bewaar ik in een heel leuk doosje van À la, een leuk Nederlands merk, je ziet 'm hiernaast op de foto.

SIERADEN MET EEN VERHAAL

Bijzondere ringen

Op mijn tiende heb ik een ring gekregen van mijn grootmoeder, de moeder van mijn vader. Het idee erachter was dat ik met de ring wakker moest worden op mijn tiende verjaardag. Mijn vader heeft dus geprobeerd om midden in de nacht die ring bij mij om te doen. Maar dat ging niet helemaal goed, want ik werd wakker en raakte geïrriteerd dat hij me zomaar wakker maakte! Ik had natuurlijk geen idee. Uiteindelijk was ik er natuurlijk heel blij mee. Ik doe deze ring nooit af, en draag 'm ook altijd aan dezelfde vinger, mijn linker ringvinger.

Voor mijn achttiende verjaardag kreeg ik een ring van mijn andere grootouders. Ook zo'n lief gebaar! Het is zo bijzonder om iets te krijgen dat uit de familie komt. Dan is het alsof je een stukje verleden met je meedraagt. Zoals bij alles gaat het me meer om de emotionele waarde dan wat iets waard is.

Ketting met parel van Friso

Dit is ook een ketting die ik nooit afdoe. Ik heb deze voor mijn doop gekregen van mijn oom Friso die helaas in 2013 is overleden. Pas jaren na mijn doop heb ik de ketting 'teruggevonden'. Hij lag in een kistje met allemaal andere sieraden van mijn doop. Deze ketting is zo speciaal voor me, omdat ik het gevoel heb dat ik oom Friso zo altijd een beetje bij me draag. Het is een soort subtiel aandenken en een teken dat ik hem nooit zal vergeten.

Horloge van mijn ouders

Ik heb dit horloge gekregen toen ik was geslaagd voor mijn vwo. Mijn vader had tegen me gezegd dat ik een mooi horloge mocht uitzoeken. Ik was superblij en dankbaar. En zei: 'Oh, zullen we dan naar de Bijenkorf gaan? Daar zijn vast heel mooie horloges.' Mijn vader zei toen: 'Nee, we gaan een echt mooi horloge kopen dat je de rest van je leven om kan hebben.' Mijn vader, moeder en ik zijn toen met z'n drieën naar verschillende winkels gegaan en uiteindelijk heb ik deze uitgekozen. Het was een middag samen om nooit te vergeten.

Armbandje met 'E'

Deze heb ik voor mijn verjaardag gekregen van mijn grootouders, de ouders van mijn moeder. Ik doe 'm bijna nooit af en vind het leuk om naar mijn pols te kijken en dan kort aan mijn grootouders te denken, zij zijn enorm betrokken bij ons leven. En ze zijn nog zo energiek, dat ik eigenlijk altijd blij word als ik aan ze denk. Ik vind het leuk en bijzonder om sieraden te dragen met een betekenis erachter. Het is zo'n subtiel en mooi armbandje, ik ben er dol op.

MAKE-UP

Vroeger droeg ik make-up om mijn onzekerheden te verbergen. Concealer en mascara waren *the way to go*. In de loop der jaren is make-up meer iets geworden om een outfit aan te vullen of mezelf uit te drukken. Ik voel me energieker met make-up op. Ik doe nooit veel op en hou het natuurlijk, maar ik merk toch verschil. Soms heb ik ineens zin om iets opvallends op te doen. Dat doe ik dan meestal door te spelen met oogschaduw. Ik kies dan oogschaduw die iets meer opvalt of probeer een wing te maken met oogschaduw. Dit kost wel iets meer tijd, dus ik doe het niet supervaak. Make-up is iets wat ik helemaal zelf heb uitgevogeld. Ik ging eerst tutorials opzoeken op YouTube, maar uiteindelijk merkte ik dat het een kwestie is van proberen. Als je vaak oefent, word je er ook snel beter in. Ik heb niet echt een vaste routine. Soms doe ik foundation op, soms is alleen wat concealer genoeg. Als ik die dag zin heb in oogschaduw, doe ik dat. Het hangt echt van de dag af.

Favo make-up en verzorgingsproducten:

Foundation · Charlotte Tilbury Hollywood flawless filter: ik hield nooit van foundation omdat het altijd zo dik aanvoelde. Het voelde dan echt als een duidelijke extra laag. Maar deze foundation breng je zo fijn aan dat-ie ook niet dik aanvoelt. Als ik deze op heb, doe ik wel meer met mijn make up, dan pak ik er ook bronzer, highlighter en blush bij.

Cleanser en moisturizer · CeraVe: deze cleanser zag ik vaak voorbijkomen in TikTok-filmpjes. Ook volg ik iemand die veel deelt over de huid en huidverzorgingsproducten. En hij raadde deze ook aan. Ik was toen al een tijdje op zoek naar een goede cleanser en besloot deze te kopen. Voor de moisturizer geldt hetzelfde verhaal. Deze is fijn om onder je make-up te doen, ik heb altijd het gevoel dat mijn make-up er dan mooier opzit.

Highlighter · Charlotte Tilbury Hollywood Beauty Light Wand: dit is een vloeibare highlighter die ik soms ook als oogschaduw gebruik. Je brengt 'm heel fijn aan dankzij het kleine sponsje als applicator.

Mascara · Lash Sensational van L'Oréal of Telescopic mascara van L'Oréal: ik vind een mascara nooit heel slecht, maar ik merk dat deze twee erg opvallen en volume geven.

Masker · Clinique City block purifying charcoal clay mask: mijn moeder had dit masker al en ik wilde hem al een tijdje uitproberen. Toen ik 'm probeerde, vond ik het aanbrengen heel makkelijk en merkte ik bij het afhalen dat ik meteen een zachtere huid had. En m'n huid voelde ook nog hartstikke schoon.

Lippenbalsem · Charlotte Tilbury Magic lip oil crystal elixir: ik gebruik dit eigenlijk alleen overdag, terwijl er ook staat dat je 't in de avond op kan doen. Ik doe deze altijd in mijn tas als ik geen vaseline kan vinden. Ik vind dat dit product mijn lippen een soort mooie extra shine geeft.

Als je haar maar goed zit

Mijn haar is een lastig verhaal. Ik heb mijn hele leven lang haar gehad, maar zonder volume. Vind ik zelf ☺ Mijn moeder, die nooit echt lang haar heeft gehad, vindt mijn haar geweldig... Tegenwoordig spuit ik wat droogshampoo over m'n haar als ik volume wil hebben. Dat helpt echt. Voor de rest is het model altijd wel hetzelfde: voor wat kortere plukken en de rest van mijn haar in laagjes.

Zo ziet mijn topdag eruit:

- Leuke outfit uitkiezen die past bij hoe ik me voel
- Mooie make-up opdoen
- Koffie halen
- Lunchen met vrienden
- Productief bezig zijn (dus niet zomaar een hele dag nutteloos op mijn telefoon zitten, wat ook weleens gebeurt).
- Met vrienden zijn
- Shoppen in mijn eentje met muziek op
- Avondeten bestellen

Ik heb weleens geëxperimenteerd met mijn kapsel. Vorig jaar oktober was ik opeens op een punt dat ik een beetje klaar was met mijn haar. Het was mijn hele leven al hetzelfde geweest qua kleur, dus ik dacht: waarom doe ik daar niks aan? En nee, ik dacht niet: laat ik verstandig zijn en naar een kapper gaan... Ik besloot mijn haar zelf te verven. Ik ging naar het Kruidvat en kocht een verfbox. In mijn kamer op de Hotelschool heb ik toen zelf mijn haar geverfd. Ik had hier goed de tijd voor genomen (1,5 uur) en het is er best goed uitgekomen voor een eerste keer! Het was een soort vossige kleur. Ik merkte dat mijn haar iets meer leven kreeg dankzij deze andere kleur. Wat ik ook nog een keer wil proberen, is om heel blond te gaan of heel erg donkerbruin. Lijkt me allebei gaaf.

Avondje self care

Een avondje *self care* ziet er voor mij elke keer anders uit. Wat ik meestal doe, is een bad vol laten lopen en daar bath foam of een bath bomb in doen. Dan ga ik een serie kijken op m'n laptop. Deze zet ik dan naast het bad en blijf een uurtje liggen. Daarna doe ik een badjas aan en maak ik mijn gezicht schoon met cleanser en exfoliator. Vervolgens doe ik een maskertje op en daarna verzorg ik m'n huid met een moisturizer. Dan ga ik of de serie verder kijken op bed of ik ga op bed een muziekje of podcast luisteren. Ik deed dit voorheen nooit, omdat ik het tijdverspilling vond. Maar onlangs heb ik ontdekt hoe lekker het is om tot rust te komen en om alle prikkels dan zo veel mogelijk te vermijden.

Sporten

Ik deed vroeger veel aan sport. Op de middelbare school was ik altijd heel fanatiek bij gym en ik hield ook echt van bewegen. Van mijn vierde tot dertiende (totdat ik naar Nederland verhuisde) heb ik op ballet gezeten. Ik vond dit heel leuk om te doen, mede omdat het heel uitdagend was. In het laatste jaar dat ik in Brussel woonde (van mijn 12^{e} tot 13^{e}) zat ik op dans, wat eigenlijk meer hiphop was. Dit was zo gaaf om te doen naast ballet, omdat het weer iets heel anders was. Ook heb ik in Brussel een aantal hardloopwedstrijden gerend, omdat ik het op de een of andere manier erg leuk vond om te rennen. Dit is nu trouwens echt niet meer zo ☺. Toen ik naar Nederland verhuisde, wilde ik eigenlijk doorgaan met ballet, maar ik heb helaas geen goede balletschool gevonden. Daarom besloot ik met mijn ouders dat ik turnen wilde uitproberen. Dit vond ik een supergoed vervolg op mijn balletachtergrond. Ik heb er alleen niet alles uitgehaald wat erin zat; zo ging ik bijvoorbeeld niet voor de selectie.

Nu ik op de Hotelschool zit, sport ik nog steeds regelmatig. Een keer in de week ga ik naar de sportschool waar ik met gewichten en een trainer in de weer ben. De rest van de week doe ik hier en daar wat workouts vanuit huis. In het begin vond ik het verschrikkelijk om te sporten, maar ik heb gemerkt dat ik het gevoel van kracht na de workouts de moeite waard vind. Maar je ziet mij echt niet meer hardlopen hoor, haha.

Q&A

In mijn Instagram-stories heb ik meerdere keren een vragenrondje gehouden. De leukste vragen zie je in verschillende hoofdstukken in mijn boek terug. Hier zijn er ook weer een paar:

Wanneer vind jij jezelf op je mooist?

Elo: "Mooie vraag. Ik vind mezelf het mooist als ik een leuke outfit aan heb, goed heb geslapen, mijn haar goed zit én de zon schijnt. Klinkt allemaal heel overdreven, maar het is echt zo."

Ben je ooit gepest met je uiterlijk?

Elo: "Ja, maar niet heel heftig. Ik ben vroeger in de brugklas gepest door een jongen over mijn wenkbrauwen. Ik vond ze vroeger ook totaal niet mooi, maar ben er nu heel blij mee. Ik weet nog dat iemand een keer zei dat ik op Cara Delevingne leek, omdat zij ook zulke gave wenkbrauwen heeft. Ik vind overigens dat ik totaal niet op haar lijk, hoor. Zij is, wat uiterlijk betreft, in mijn optiek een godin op aarde. Maar ik weet nog wel hoeveel meer zelfvertrouwen dit compliment mij heeft gegeven."

Liever chic of comfy?

Elo: "Hm, moeilijk. Bij mij hangt het echt van de dag af. Maar als ik zou moeten kiezen voor één stijl voor de rest van mijn leven, dan ga ik toch voor comfy."

Ik vind mezelf het mooist als ik een leuke outfit aan heb, goed heb geslapen, mijn haar goed zit én de zon schijnt.

Durf je nee te zeggen als je iets niet kunt? En jezelf daarmee kwetsbaar op te stellen?

Elo: "Ja, zeker. Ik heb dit wel moeten leren. Maar nee zeggen, is voor mij geen probleem. Ik snap dat het eng kan zijn om jezelf kwetsbaar op te stellen, maar het is wel belangrijk dat je dit leert. Andere kanten van jezelf delen, kan bijvoorbeeld helpen: mensen kunnen zo jouw mening en gedachten beter snappen. Ze snappen waar je vandaan komt."

Welke mooie eigenschappen heb je meegekregen van je ouders?

Elo: "Mijn moeder is heel oplossingsgericht. Ze denkt altijd op een positieve manier over dingen na. Ik heb dit best wel overgenomen. Mijn 'go to'-quote is ook altijd: 'Het komt goed'."

Boodschappen
voor wentelteefjes

100 ml melk
1 ei
1 zakje vanillesuiker
(of normale suiker)
1 tl kaneel
30 g boter
4 sneetjes suikerbrood

Hoofdstuk 4

LEARNING BY DOING

Food

RECEPTEN BY ELOISE X CHICKSLOVEFOOD

LIEVELINGSETEN

Als klein meisje vond ik pizza en sushi ontzettend lekker. Trouwens, daar ben ik nog steeds dol op! Als we vroeger pizza aten, deden we dat vaak op vrijdagavond. We keken dan meestal samen een film. Na de film bleven we vaak luisteren naar de muziek die onder de aftiteling speelde. En als het écht een swingend nummer was, gingen we daar samen op dansen. Dierbare herinneringen zijn dat.

Als we sushi bestelden, pakten we juist echt uit. We dekten dan de tafel met mooie borden en Japanse stokjes. En wat ik altijd heel cute vond, zijn de minischaaltjes voor de sojasaus. Zo leuk om dan alles met elkaar te delen en overal van te proeven.

Zelf bakken

Toen ik klein was, vond ik het heel leuk om brownies, koekjes of cupcakes te bakken. Ik wilde alles dan het liefst zelf doen. De hoeveelheden afmeten, alles mixen en het deeg in vormpjes doen. En daarna de baksels vol trots presenteren aan mijn familie. Vervolgens mochten ze er natuurlijk allemaal van genieten.

Avondeten met het gezin

Doordat mijn ouders – en wij, hun kinderen – een nogal druk leven hebben, hebben mijn ouders er altijd op gehamerd om zo veel mogelijk bij elkaar te zijn voor het avondeten. Aan tafel vertelden we dan hoe onze dag was geweest en wat iedereen had beleefd. We bespraken dan de meest uiteenlopende onderwerpen – van het nieuws tot gekke filmpjes. Ik denk dat als je het aan mijn ouders vraagt, ze zullen beamen dat mijn broer, zus en ik allesbehalve saaie kinderen zijn: we hebben altijd veel energie (en op sommige momenten soms net té veel...).

Restaurants met herinneringen

Van mijn tweede tot dertiende woonden we met het gezin in Brussel vanwege mijn vaders werk, daarom deel ik twee favoriete adresjes met jullie waar ik fijne herinneringen aan heb.

Lucy Chang in Brussel

Toen we in Brussel woonden, gingen we vaak naar Lucy Chang, een Chinees restaurant. Als wij mochten kiezen, was dit onze favoriete plek. Het voelde bijna als thuis. We zaten altijd aan dezelfde tafel en wisten precies waar de potloden en tekenpapieren lagen. Het interieur was strak, met veel hout. Het was nooit heel vol en ze zorgden altijd goed voor ons. We aten daar heerlijke sticky rice en dronken er lekkere thee.

Mamma Roma in Brussel

Een andere plek waar we vaak heen gingen, was Mamma Roma. Een piepklein restaurant met hoge tafels en krukken en de lekkerste pizza's die je je kunt voorstellen. Mijn vader, Claus, Leonore en ik gingen daar altijd op woensdagmiddag heen, voordat ik naar balletles ging. Woensdag was net zoals hier in Nederland een korte schooldag en we namen dan altijd rustig de tijd om bij te praten over van alles en nog wat.

OH OH DEN HAAG...

Ik hou zo van Den Haag. Alles is heel dichtbij en de stad heeft mooie plekken, en natuurlijk het strand. Er zijn ook veel parken, wat heerlijk is. Ik kreeg in het begin vaak de vraag, waarom ik had gekozen voor de campus in Amsterdam en niet gewoon die in Den Haag. Eerlijk gezegd had ik weer zin in verandering. En hoe lekker Den Haag ook is, Amsterdam leek me een levendigere stad om in te wonen als student.

tommy
girl
FIGS
FRUITMAST

Wat mij zielsgelukkig maakt, is uit eten gaan of simpelweg een drankje doen op een terras. Zeker als ik dit met vrienden doe, maakt me dat ontzettend blij. Ik hou er daarom ook van om nieuwe plekjes te ontdekken en verkennen.

Mijn favoriete plekjes in Den Haag zijn:

Haagse Bluf
Een lunchplek in het centrum met een cool dakterras waar je met mooi weer ook kunt zitten.

Luden
Ook in de stad, met een terras op een plein. Ik eet hier nooit, ga er meer heen om even snel koffie of thee te drinken.

Mallemolen
Dit is een café waar ik met mijn vrienden altijd een biertje ging drinken. Het is ontzettend gezellig omdat de eigenaren er ook altijd bij kwamen zitten.

Boosty
Dit is eigenlijk de to-go broodjeszaak in Den Haag, waar ik alleen, met vrienden of met het gezin naartoe ging. Het is er gezellig en het eten is heerlijk.
Het leuke aan Den Haag is dat je vlak bij het strand zit. In Scheveningen heb je allemaal leuke strandtenten en standjes.

Mama Kelly
Sinds we als gezin in Den Haag gingen wonen, komen we vaak bij Mama Kelly. Het is bijna een traditie dat we daar op een verjaardag van een van ons gaan eten. Het Haagse filiaal (in Amsterdam is er ook een, maar die is heel anders) heeft een cool industrieel interieur. Er staan overal kaarsen en de hoge ruimte maakt me echt blij. In de photo booth kun je coole foto's maken. De mensen die er werken, zijn enorm aardig en doen er alles aan om het je naar je zin te maken. Er is veel plek, dus is het gemakkelijk om er met een grotere groep te gaan eten. Het menu is simpel, er zit voor iedereen iets lekkers bij. Een aanrader!

Dit is zijn mijn topplekjes op het strand:

Colorado Charlie
Ik ging hier altijd in de avond naartoe. Je kunt hier ook overdag zitten, maar 's avonds verandert de sfeer in een feestje. Lekker dansen en tegelijkertijd genieten van het zand onder je voeten.

Culpepper
Mijn favo gerechten hier zijn de lekkere pizza's, maar ook de frietjes moet je absoluut proberen. Een persoonlijke aanrader.

Patagonia
Deze strandtent is een van mijn favoriete plekjes om met mijn ouders, broer en zusje heen te gaan. Er werken erg lieve mensen en ze serveren heerlijk eten. Mijn aanrader: de Patagonia burger :).

Weet je wat ik ook een leuke optie vind? Gewoon lekker picknicken op het strand. Goedkoper dan uit eten gaan, maar net zo gezellig. In het laatste hoofdstuk van dit boek vind je genoeg recepten die ook prima to go zijn, haha! Lifehack: neem een hoeslaken mee en leg tassen in de hoeken. Dit vormt een soort muur waardoor er geen zand in je eten komt.

Eten over de grens
Ik realiseer me dat ik enorm bevoorrecht ben dat ik al op jonge leeftijd veel plekken van de wereld heb kunnen zien. Ik vind het geweldig om verschillende landen te kunnen ontdekken en daardoor ook met verschillende culturen in aanraking te komen. En zo

leer je natuurlijk ook exotische dingen eten. Gerechten die je in Nederland misschien niet zo snel eet.

Waar ik intens van kan genieten, is een lunch of diner tijdens de skivakantie. Je hebt dan de halve of hele dag geskied, het is warm en je bent moe. Zo fijn dat je dan je helm kunt afzetten, je skischoenen los kunt doen en je jas kunt uittrekken. En dan lekker op een terras kunt zitten. Dan bestel ik een lekkere wienerschnitzel met frietjes en mijn dag kan niet meer stuk. Heerlijk genieten van het zonnetje en kletsen over van alles en nog wat. Dat is voor mij een van de beste dingen ooit.

Koken voor groepen

Eigenlijk kook ik nooit alleen voor mezelf. Meestal kook ik met en voor een grote groep. Ik help dan mee met wat er wordt gegeten die avond. Vaak is dat pasta, een salade of maken we wraps. Ik eet eigenlijk altijd met vrienden en vriendinnen. Of het nou huisgenoten of clubgenoten zijn. Op de Hotelschool kun je heel handig eten ophalen bij La Mangerie. Dit is een beetje hetzelfde concept als La Place, maar dan wordt het eten door de studenten gemaakt. Er is dan een klein buffet met soep, verschillende broodjes en andere lekkernijen. Er is ook altijd avondeten. Omdat het zo gemakkelijk en lekker is, halen we dit meestal als avondeten. Maar als we zelf koken, vinden we het echt leuk om er iets gezelligs van te maken. Allemaal in de keuken zitten, samen koken en een drankje doen.

Een flink aantal van mijn favo recepten deel ik op de volgende bladzijden in dit boek. Echte must have studentenrecepten. Gemakkelijke ontbijtjes, snelle lunches en diners voor een hele groep of juist alleen voor jou. Maar ook mijn favo borrelrecepten en familierecepten die ik graag zelf maak. De recepten heb ik samen met Nina en Elise van Chickslovefood gemaakt. Zij hebben een foodblog en al een hele reeks kookboeken gemaakt, en waren zo lief om me te helpen met het ontwikkelen van het allerlekkerste deel van dit boek, haha. Geniet!

Wat mij zielsgelukkig maakt, is uit eten gaan of simpelweg een drankje doen op een terras.

ONTBIJT

SMOOTHIE TO GO • SMOOTHIEBOWL
BLUEBERRY PANCAKES • DRINKONTBIJT
CHOCO CRUESLI UIT DE PAN • SPIEGELEI BLT
PEANUTBUTTER & JELLY TOSTI
3X MIJN FAVO CRACKERBELEG

CALVIN KLEIN JEANS

SMOOTHIE TO GO

BEREIDINGSTIJD: 5 MINUTEN

Ingrediënten (voor 1 smoothie):

- 1 banaan
- 1 mandarijn
- 1 hand verse spinazie
- 50 g ananasblokjes uit de vriezer
- ½ avocado

Bereidingswijze:

- Pel de banaan en schil de mandarijn.
- Doe alle ingrediënten samen met 100 ml water in een blender of keukenmachine en mix tot een gladde smoothie.
- Schenk de smoothie in een drinkbeker, rietje erin en je bent ready to go!

Tip

Met deze smoothie kun je eindeloos variëren. Gebruik jouw restjes uit de koelkast en vriezer. Dit recept is bijvoorbeeld ook heerlijk met een handje boerenkool (!) of andijvie. Of kies eens voor bosbessen en mango. En nog een restje (plantaardige) melk in de koelkast? Vervang het water door melk. Het kan allemaal!

SMOOTHIEBOWL

Smoothiebowls zijn zo'n beetje de eerste recepten die ik ben gaan maken. Het werd een soort verslaving, want eerlijk gezegd maakte ik ze best vaak. Ze zijn dan ook zó lekker! En meestal ook gezond. Zo leuk om ze te versieren met granola en fruit on top. Een plaatje om te zien, toch? **BEREIDINGSTIJD: 5 MINUTEN**

Ingrediënten (voor 1 bowl):

- 1 banaan
- 1 hand verse spinazie
- 60 g mangostukjes uit de vriezer
- 50 g blauwe bessen uit de vriezer
- 75 ml sinaasappelsap

En als topping:

- 1 handje gojibessen
- ½ banaan
- 1 handje van je lievelingsgranola of muesli

Bereidingswijze:

- Pel de banaan.
- Doe de banaan, spinazie, mango en bessen in een blender of keukenmachine. Mix tot een glad mengsel.
- Doe er nu het sinaasappelsap bij en meng nog een keer kort door.
- Schep het mengsel in een kom en top af met je favo toppings, zoals plakjes banaan, gojibessen en granola.

Tip

En wat te doen met die halve banaan die over is? Die bewaar je in je koelkast en verwerk je morgenochtend lekker in het drinkontbijt van pagina **59** Of ga voor de tosti van pagina **65**!

BLUEBERRY *pancakes*

Ik weet nog dat ik deze pannenkoekjes voor het eerst had gemaakt met mijn zusje, Leo, en dat ze eigenlijk helemaal niet zo lekker waren. Maar hoe meer ik het recept heb aangepast en hoe vaker ik ze bakte, des te lekkerder ze werden. Inmiddels zijn ze dus gewoon top, dat snap je ;-). **BEREIDINGSTIJD: 15 MINUTEN**

Ingrediënten (voor zo'n 6 stuks):

- 150 g bloem
- 2 tl bakpoeder
- 2 el suiker
- 1 ei
- 180 ml melk naar keuze
- 25 g ongezouten roomboter (+ wat extra om in te bakken)
- 150 g blauwe bessen (vers of uit de vriezer, maakt niet zoveel uit)
- snuf zout

En als topping:

- nog wat blauwe bessen
- poedersuiker

Bereidingswijze:

- Doe de bloem, het bakpoeder, de suiker en een snuf zout samen in een mengkom en roer even door.

- Voeg het ei en de melk toe en meng goed door met een garde.

- Laat de roomboter smelten in een steelpannetje op laag vuur en roer door het beslag.

- Verhit een klein beetje boter in een koekenpan op middelhoog vuur. Maak drie kleine pannenkoekjes van de helft van het beslag en druk een paar blauwe bessen in elk pannenkoekje.

- Bak de pannenkoekjes een paar minuten tot er belletjes op de bovenkant ontstaan. Draai ze om en bak ze nog 4 minuten.

- Herhaal met de rest van het beslag en de blauwe bessen. Houd een paar blauwe bessen over en serveer deze samen met flink wat poedersuiker bovenop de pannenkoekjes.

DRINKONTBIJT

BEREIDINGSTIJD: 5 MINUTEN

Ingrediënten (voor 1 drinkontbijt):

- 1 sinaasappel
- ½ banaan
- 150 ml yoghurt naar keuze
- 1 el honing
- 2 el van je lievelingsgranola of muesli

Bereidingswijze:

- Pers de sinaasappels en pel de banaan.
- Doe de yoghurt, de halve banaan, de honing en de muesli samen met het sinaasappelsap in een blender of keukenmachine en mix tot een glad mengsel.
- Schenk het drinkontbijt in een drinkbeker, klaar!

Tip

En wat te doen met die halve banaan die over is? Die bewaar je in je koelkast en daar top je morgenochtend lekker de smoothiebowl van pagina **55** mee af. Of ga voor de tosti van pagina **65**!

CHOCO CRUESLI *uit de pan*

BEREIDINGSTIJD: 10 MINUTEN

Ingrediënten (voor 1 portie):

- 1 flinke hand gemengde, ongezouten noten
- 50 g havervlokken
- 30 g pure chocolade
- 1,5 el honing
- 150 ml yoghurt naar keuze

Bereidingswijze:

- Hak de gemengde noten grof. Verwarm een droge koekenpan (zonder olie of boter dus!) op middelhoog vuur en rooster de gemengde noten en havervlokken in 5 minuten goudbruin.

- Hak de pure chocolade ondertussen grof. Voeg de chocolade en honing toe aan de pan en verwarm 1 minuut mee totdat alles bedekt is met chocolade en honing.

- Schenk de yoghurt in een kom en serveer de choco cruesli er bovenop.

Tip

Twee of drie porties maken? Kan! Je bewaart dan de choco cruesli in een afgesloten bakje. Het blijft drie dagen goed.

SPIEGELEI BLT

BEREIDINGSTIJD: 10 MINUTEN

Ingrediënten (voor 2 boterhammen):

- 1 tomaat
- 2 eieren
- 4 plakjes bacon
- 2 boterhammen naar keuze
- 2 el truffelmayonaise
- 1 flinke hand botersla
- boter om in te bakken

Bereidingswijze:

- Snijd de tomaat in dunne plakjes.

- Breek 1 ei voorzichtig boven een kommetje, zo blijft de eidooier makkelijker heel. Doe dit ook met het tweede ei in een ander kommetje.

- Verhit een klein beetje boter in een koekenpan op laag vuur. Zodra de boter gesmolten is (let op: hij moet nog niet schuimen) voeg je voorzichtig de eieren één voor één toe. Draai een beetje met de pan zodat het eiwit zich goed kan verspreiden.

- Bak de eieren 4 minuten.

- Bak ondertussen de bacon in een droge koekenpan (dus zonder boter of olie) krokant. Laat deze vervolgens uitlekken op keukenpapier.

- Besmeer twee boterhammen met een laagje truffelmayonaise.

- Beleg de boterhammen vervolgens met sla, de plakjes tomaat, de bacon, de spiegeleieren en nog wat truffelmayonaise.

cmd

PEANUTBUTTER & JELLY *tosti*

Vroeger vond ik het idee van een boterham met pindakaas en jam niet echt smakelijk, maar toen ik voor 't eerst een peanut butter & jelly sandwich proefde... Zó lekker. Helemaal deze tosti-variant ervan, waar ook nog banaan in zit. Geloof me, je krijgt er geen spijt van als je deze gaat maken. **BEREIDINGSTIJD: 5 MINUTEN**

Ingrediënten (voor voor 1 tosti):

- ½ banaan
- 2 sneetjes brood naar keuze
- 2 el pindakaas
- 1 el jam

Bereidingswijze:

- Pel de banaan en snijd in plakjes.
- Bestrijk beide sneetjes brood met pindakaas. Smeer op één van de boterhammen ook een laag jam. Beleg deze boterham met de plakjes banaan.
- Leg beide sneetjes brood op elkaar en bak de tosti in een tosti-ijzer in zo'n 3 minuten goudbruin. Snijd doormidden en klaar is –ie!

Tip

Geen tosti-ijzer? Je kunt deze tosti ook maken in de koekenpan. Besmeer dan de boterhammen aan de buitenkant met een laagje roomboter. Enne, die halve banaan die over is? Die verwerk je morgen lekker in de smoothiebowl van pagina **55**, of in het drink-ontbijt van pagina **59**!

3X MIJN *favo* CRACKERBELEG

COTTAGE CHEESE, WALNOTEN EN HONING

Ingrediënten (voor 2 crackers):

- 1 handje walnoten
- 2 crackers naar keuze
- 2 el cottage cheese
- 1 el honing

Bereidingswijze:

- Hak de walnoten grof.
- Besmeer de crackers met de cottage cheese en bestrooi met de walnoten.
- Drizzle tenslotte de honing erover.

Crackers zijn echt *my life*. Ze zijn zo lekker makkelijk en je kunt er echt van alles opdoen Maar net waar je zin in hebt. Hier zie je 3 van mijn favorieten, maar je kunt natuurlijk zo creatief zijn als je zelf wil!

BEREIDINGSTIJD: 5 MINUTEN PER CRACKER

HUMMUS, KOMKOMMER EN SESAMZAADJES

Ingrediënten (voor 2 crackers):
- 1 el sesamzaadjes
- ¼ komkommer
- 2 crackers naar keuze
- 1 el hummus

Bereidingswijze:
- Rooster de sesamzaadjes in een koekenpan in 2 minuten goudbruin.
- Snijd ondertussen de komkommer in plakjes.
- Besmeer de crackers met hummus en maak af met de komkommer en sesamzaadjes.

EI, AVOCADO, KIPFILET EN ROOMKAAS

Ingrediënten (voor 2 crackers):
- 1 ei
- 2 crackers naar keuze
- 1 el roomkaas
- 1 avocado
- 2 plakjes kipfilet
- peper en zout

Bereidingswijze:
- Breng een pan met water aan de kook.
- Doe, zodra het water kookt, het ei in de pan en kook 6 minuten. Laat 'm daarna schrikken onder koud water en pel.
- Besmeer ondertussen de twee crackers met roomkaas en strooi hier wat peper en zout over.
- Snijd de avocado in reepjes en het ei in plakjes.
- Beleg de crackers met de kipfilet, reepjes avocado en de plakjes ei.

LUNCH

BAGEL MET GEROOKTE ZALM
CHICKEN MELT WRAP · TOMATENGROENTESOEP
LEFTOVER OMELET · GEPIMPTE INSTANT RAMEN
3X MIJN FAVO TOSTI · SHOARMASALADE

tommy
girl
FIGS
FRUITMASTERS

BAGEL MET *gerookte zalm*

Je denkt misschien: dit is toch een makkelijk recept? Weet ik, maar ik heb deze erbij gedaan omdat ie én heel lekker is én mensen vaak vergeten dat ze bagels ook zelf thuis kunnen maken. (Het hoort dus niet per se bij een lunch buiten de deur). Dit is een soort kleine reminder om 'm lekker thuis te maken. Geen dank ;-)! **BEREIDINGSTIJD: 10 MINUTEN**

Ingrediënten (voor 1 bagel):

- 1 afbakbagel naar keuze
- ¼ komkommer
- 1 el cream cheese bieslook
- 2 plakjes gerookte zalm
- 1 limoen

Bereidingswijze:

- Bak de bagel volgens de aanwijzingen op de verpakking. Haal de bagel 3 minuten voor de eindtijd uit de oven, snijd voorzichtig doormidden en leg de twee halve bagels met de binnenkant naar beneden op het ovenrooster. Gril nog 3 minuten.

- Snijd de komkommer ondertussen in dunne plakjes.

- Besmeer de onderste helft van de bagel vervolgens met een laagje cream cheese en beleg met de plakjes komkommer en de gerookte zalm.

- Rasp de schil van de limoen en strooi de rasp over de belegde onderkant. Snijd tenslotte de limoen doormidden en knijp het sap van één helft van de limoen uit over de bagel. De bovenkant kan er nu op, klaar!

Vegatip

Vervang de zalm door gegrilde avocado. Ja, gegrild! Even insmeren met wat olie en in je grillpan bakken.

CHICKEN MELT WRAP

Toen ik dit voor 't eerst op TikTok zag, wist ik dat ik het moest uitproberen. En ik ben zo blij dat ik het heb gedaan. Makkelijk en zo ontzettend lekker. Probeer maar eens! **BEREIDINGSTIJD: 5 MINUTEN**

Ingrediënten (voor 1 wrap):

- 1 meergranenwrap
- ½ tomaat
- 40 g reepjes gerookte kipfilet
- 1 handje cheddar
- ½ avocado
- peper en zout

Bereidingswijze:

- Snijd de wrap in het midden in, tot het midden van de wrap. Je maakt dus een snee.
- Snijd de tomaat in dunne plakjes.
- Neem nu een hoek van de wrap, één kwart dus, en beleg deze met de kipreepjes.
- In het kwart erboven leg je de geraspte cheddar.
- Vervolgens ga je door naar de derde hoek, deze beleg je met de plakjes tomaat.
- Prak de avocado met een snuf peper en zout en smeer uit op de laatste hoek.
- Vouw de wrap nu op door eerst de hoek van de kip over de cheddar te vouwen, die hoek over de plakjes tomaat en tot slot over de hoek met avocado.
- Doe het opgevouwen pakketje in een tosti-ijzer en bak in 3 minuten goudbruin.

Vegatip

Ga voor vegetarische kipstukjes.

TOMATEN-GROENTESOEP

BEREIDINGSTIJD: 15 MINUTEN

Ingrediënten (voor 1 pan):

- 400 g grove soepgroenten
- 2 groentebouillonblokjes
- 1 blikje tomatenpuree (à 70 g)
- 75 g vermicelli
- 150 g kant-en-klare soepballetjes
- peper en zout

Bereidingswijze:

- Verhit een scheutje olie in een soeppan. Voeg de soepgroenten toe en bak een minuut aan.
- Breng een liter water aan de kook en voeg de bouillonblokjes toe. Giet de bouillon bij de pan met groenten.
- Voeg vervolgens de tomatenpuree en de vermicelli toe. Laat het zo'n 7 minuten rustig pruttelen op laag vuur. Breng op smaak met peper en zout.
- Verhit ondertussen een scheutje olie in een koekenpan en bak hierin de soepballetjes in zo'n 6 minuten rondom gaar totdat ze bruin beginnen te kleuren.
- Voeg de soepballetjes toe aan de soep, de soep is klaar!

Vegatip

Ook lekker met vegetarische soepballetjes.

Tip

Soep over? Dit gerecht is perfect om in te vriezen!

LEFTOVER *omelet*

BEREIDINGSTIJD: 10 MINUTEN

Ingrediënten (voor 1 omelet):

- al je foodrestjes! Denk bijvoorbeeld aan broccoli, courgette, lente-ui, rode paprika, zongedroogde tomaatjes, zonnebloempitjes...
- 3 eieren
- peper en zout

Bereidingswijze:

- Snijd de groenten in stukjes. Verwarm een scheutje olie in een koekenpan en bak de groenten zo'n 5 minuten. Als je zongedroogde tomaatjes of zonnebloempitten gebruikt, houd je deze even apart.
- Doe ondertussen de eieren in een kom en klop deze samen met een flinke snuf peper en zout los.
- Voeg de opgeklopte eieren samen met eventueel de pitjes en de zongedroogde tomaatjes toe aan de pan met gebakken groenten. Bak de omelet in zo'n 5 minuten gaar, tot-ie aan de bovenkant is gestold. De omelet is klaar!

GEPIMPTE INSTANT *ramen*

BEREIDINGSTIJD: 10 MINUTEN

Ingrediënten (voor 1 kom):

- ½ paprika
- 1 zakje kant-en-klare instantnoedels
- 50 g taugé
- 2 el sojasaus
- 100 g edamameboontjes
- 1 el gebakken uitjes

Bereidingswijze:

- Doe 350 ml water in een pan en breng aan de kook.
- Verwijder ondertussen de zaadlijsten uit de paprika en snijd de paprika in dunne reepjes.
- Voeg de noedels en de taugé toe aan het kokende water en laat zo'n 2 minuten koken. Voeg de sojasaus toe en roer goed door.
- Schenk de soep in een kom en maak af met de paprika, edamame en gebakken uitjes.

3X MIJN *favo* TOSTI

3X MIJN *favo* TOSTI

BEREIDINGSTIJD: 10 MINUTEN PER TOSTI

TOSTI KAPSALON

Ingrediënten (voor 1 tosti):

- 90 g kipreepjes
- 1 el gyroskruiden
- ½ tomaat
- 2 sneetjes witbrood
- 1 tl sambal
- 2 el geraspte kaas
- 1 el knoflooksaus

Bereidingswijze:

- Verwarm een scheutje olie in een koekenpan en bak de kipreepjes samen met de gyroskruiden in zo'n 7 minuten gaar.

- Snijd ondertussen de halve tomaat in kleine stukjes en bestrijk de sneetjes brood met een laagje sambal. Beleg één snee brood met de kipstukjes, stukjes tomaat en de kaas.

- Leg beide sneetjes brood op elkaar en bak de tosti in een tosti-ijzer in zo'n 3 minuten goudbruin.

- Serveer met de knoflooksaus.

Vegatip

De kipreepjes kun je natuurlijk ook vervangen door vegetarische kipstukjes.

Tip

De andere helft van de tomaat? Die gebruik je voor de chicken melt wrap van pagina 73.

GEITENKAASTOSTI

Ingrediënten (voor 1 tosti):

- ⅓ ciabatta
- 70 g zachte geitenkaas
- 1 handje ongezouten, ongebrande noten
- 2 el honing

Bereidingswijze:

- Verwarm de oven voor op 200 graden, bak het stuk ciabatta vervolgens 5 minuten en laat volledig afkoelen.
- Snijd de ciabatta doormidden en besmeer met de geitenkaas.
- Hak de noten grof en verdeel de stukjes noten samen met de honing over de ciabatta.
- Bak de tosti in een tosti-ijzer in 5 minuten goudbruin.

ITALIAANSE TOSTI

Ingrediënten (voor 1 tosti):

- 1 afbakpistolet
- ½ el groene pesto
- ½ bol mozzarella
- ½ tomaat
- 1 plakje parmaham

Bereidingswijze:

- Verwarm de oven voor op 200 graden, bak de pistolet vervolgens 5 minuten en laat volledig afkoelen.
- Snijd de pistolet doormidden en besmeer beide kanten met pesto.
- Snijd de mozzarella en tomaat in dunne plakjes.
- Beleg de pistolet met mozzarella, tomaat en het plakje parmaham.
- Bak de tosti in een tosti-ijzer in 5 minuten goudbruin.

Vegatip

Voeg een extra plakje tomaat toe in plaats van parmaham.

Tip

Heb je geen tosti-ijzer? Dan bak je de tosti's gewoon in de koekenpan met een klontje roomboter.

SHOARMASALADE

Toen ik laatst een story maakte waarin ik mijn zelfgemaakt shoarmasalade deelde, vroegen veel mensen mij om het recept. Natuurlijk heb ik toen kort uitgelegd hoe je dit maakt, maar ik dacht: waarom zorg ik er niet gewoon voor dat dit recept in m'n boek komt? Dus: hierbij! Dan heb je 't altijd bij de hand als je het weer eens wil maken, want dit is een blijvertje, hoor. **BEREIDINGSTIJD: 10 MINUTEN**

Ingrediënten (voor voor 1 portie):

- 125 g shoarma
- 2 tomaten
- ¼ komkommer
- 2 handjes verse spinazie
- 50 g maïskorrels uit blik
- 80 g edamameboontjes
- 2 el knoflooksaus
- olijfolie
- peper en zout

Bereidingswijze:

- Verwarm een scheutje olie in de koekenpan en bak de shoarma in zo'n 7 minuten gaar.
- Snijd ondertussen de tomaten in schijfjes en de komkommer in kleine stukjes.
- Meng de spinazie in een kom samen met de schijfjes tomaat, stukjes komkommer, maïs en edamame. Breng op smaak met een beetje olijfolie, peper en zout.
- Verdeel de salade over een groot bord en verdeel daaroverheen de shoarma.
- Verdeel tenslotte de knoflooksaus over de salade.

Vegatip

Kies voor vegetarische shoarma of gyros.

BORREL

MINI PLUKBROODJES • PIZZA ROLLS
BUILD YOUR OWN BORRELPLANK
3X MIJN FAVO MIDDEN-OOSTERSE SPREADS
CIABATTA BRUSCHETTA • KAASSTENGELS
3X MIJN FAVO COCKTAIL

Mini PLUKBROODJES
met brie, kruidenboter, lente-ui

BEREIDINGSTIJD: 20 MINUTEN

Ingrediënten (voor 2 broodjes):

- 2 tijgerbroodjes
- 200 g roombrie
- 80 g kruidenboter
- 2 lente-uitjes

Bereidingswijze:

- Bak de broodjes volgens de aanwijzingen op verpakking.
- Verwarm de oven voor op 180 graden.
- Snijd ondertussen de brie in dunne plakjes.
- Snijd de broodjes in 9 stukjes, maar snijd ze niet helemaal door. Zorg dat de onderkant nog aan elkaar zit.
- Smeer de kruidenboter tussen de broodjes en steek de plakjes brie ertussen.
- Snijd de lente-ui in dunne ringetjes. Steek deze ertussen en strooi er overheen.
- Bak de broodjes zo'n 15 minuten in het midden van de oven.

PIZZA ROLLS

BEREIDINGSTIJD: 35 MINUTEN

Ingrediënten (voor 4 personen):

- 1 rol vers pizzadeeg
- 150 ml tomatensaus
- 100 g salami in plakjes
- 130 g geraspte kaas

Bereidingswijze:

- Verwarm de oven voor op 190 graden.
- Rol het pizzadeeg uit en bestrijk met de tomatensaus. Let op, je moet ongeveer 2 cm aan de bovenkant van het deeg vrijlaten.
- Verdeel de plakjes salami over het deeg en maak af met de kaas.
- Rol de plak in de breedte op. Snijd de rol in circa 8 plakjes.
- Leg de rolletjes naast elkaar op een met bakpapier beklede bakplaat.
- Bak de pizzarolletjes in ongeveer 30 minuten goudbruin.

BUILD YOUR OWN BORRELPLANK

Ik houd van borrelen! Borrelen staat voor mij voor vrienden, gezelligheid en samen genieten. Een grote plank in het midden van de tafel met allerlei hartige hapjes waar je eindeloos van kunt pakken. En ja, daar horen ook drankjes bij. Zelf ga ik de ene keer voor speciale cocktails, maar de andere keer volstaat een fles wijn. In dit hoofdstuk een overzicht van mijn favo borrelgerechtjes die je zó hebt gemaakt. Geen uren gedoe in de keuken. Deze recepten zijn supersimpel zodat je daarna snel kunt gaan borrelen. Nou, proost hè!

3X MIJN *favo* MIDDEN-OOSTERSE SPREADS

3X MIJN *favo* MIDDEN-OOSTERSE SPREADS

BEREIDINGSTIJD HUMUS EN MUHAMMARA: 5 MINUTEN

BEREIDINGSTIJD LABNEH: 4 UUR VOORBEREIDEN, DAN 5 MINUTEN

HUMMUS

Ingrediënten (voor 1 schaaltje):

- ½ citroen
- 300 g kikkererwten
- 2 tenen knoflook
- 2 el tahin
- ½ tl-komijnpoeder
- 3 el olijfolie
- snuf paprikapoeder
- peper en zout

Bereidingswijze:

- Pers een halve citroen uit en bewaar het sap.

- Doe de kikkererwten, knoflook, tahin, het komijnpoeder en het citroensap samen met 3 el olijfolie en wat peper en zout in een keukenmachine en maal tot een gladde pasta (als je geen keukenmachine hebt, kun je dit ook met de staafmixer doen). Als de hummus iets te dik blijft, voeg je nog wat olijfolie toe.

- Schep de hummus in een kommetje en maak af een snufje paprikapoeder.

LABNEH

Ingrediënten (voor 1 schaaltje):

- 500 g Turkse yoghurt (Griekse volle yoghurt kan eventueel ook)
- 1 el za'atar
- 1 handje platte peterselie
- 20 g granaatappelpitjes
- 2 el olijfolie
- snuf zout

Bereidingswijze:

- Pak een kom en leg een handdoek in een zeef in de kom. Schenk hier de Turkse yoghurt in en laat het zo'n 4 uur uitlekken.
- Meng de za'atar en een flinke snuf zout door de labneh.
- Hak ondertussen de verse peterselie grof.
- Verdeel de labneh over een schaaltje, strooi hier de peterselie en de granaatappelpitjes over en maak af met de olijfolie.

MUHAMMARA

Ingrediënten (voor 1 schaaltje):

- 300 g gegrilde paprika's uit blik
- ½ citroen
- 80 g walnoten
- 2 el balsamicoazijn
- 2 tl komijnpoeder
- 1 tl honing
- 1 tl cayennepeper
- 1 teentje knoflook
- snuf peper en zout

Bereidingswijze:

- Snijd de paprika's doormidden en verwijder overtollig vocht en zaadjes. Laat de paprika's goed uitlekken op keukenpapier.
- Pers de citroen uit.
- Doe dan de paprika's, de walnoten, het citroensap, de balsamicoazijn, het komijnpoeder, de honing, cayennepeper, knoflook en een flinke snuf peper en zout in een keukenmachine.
- Meng alles tot een grove massa.
- Schep de muhammara in een schaaltje en serveer.

CIABATTA BRUSCHETTA

BEREIDINGSTIJD: 20 MINUTEN

Ingrediënten (voor 10 stuks):

- 1 afbakciabatta
- 4 tomaten
- 2 handjes verse basilicum
- 2 teentjes knoflook
- peper, zout en extra vierge olijfolie

Bereidingswijze:

- Verwarm de oven voor op 200 graden.
- Snijd de ciabatta in de lengte doormidden, besmeer beide helften met extra vierge olijfolie en bestrooi ze met peper en zout. Bak ze in zo'n 10-12 minuten in de oven tot het brood knapperig is.
- Snijd ondertussen de tomaten in kleine stukjes. Hak de basilicum fijn.
- Verwarm een scheutje olijfolie in een steelpannetje en pers 1 teentje knoflook hierin uit. Laat zo'n 2 minuten aanfruiten.
- Meng in een kom de stukjes tomaten, de helft van de basilicum en de knoflookolie. Breng op smaak met peper en zout.
- Wrijf het andere teentje knoflook over de bovenkant van de knapperige broodjes.
- Verdeel de tomaten over de beide plakken ciabatta en maak af met de overgebleven basilicum on top.

Kaasstengels
MET TWEE INGREDIËNTEN

BEREIDINGSTIJD: 20 MINUTEN

Ingrediënten (voor zo'n 10 stuks):

- 1 rol vers bladerdeeg
- 130 g geraspte (oude) kaas

Bereidingswijze:

- Verwarm de oven voor op 200 graden.
- Rol het bladerdeeg uit en snijd in lange stroken. Zorg dat je een even aantal stroken hebt. Leg de helft van de stroken op een met bakpapier beklede bakplaat, verdeel hier de helft van de kaas over (zo min mogelijk naast het bladerdeeg) en leg op elke strook een tweede strook.
- Draai de stroken voorzichtig een paar keer om tot er een spiraal ontstaat. Bestrooi de stengels met de rest van de kaas.
- Bak de kaasstengels in zo'n 20 minuten goudbruin.

3X MIJN *favo* COCKTAIL

Sssst, vertel het mijn ouders niet, maar ik hou zó van cocktails. Ik drink ze nooit in mijn uppie, eigenlijk altijd met vriendinnen. Dit zijn mijn favoriete cocktails, maar je hebt er natuurlijk zo veel meer! **BEREIDINGSTIJD: 5 MINUTEN PER COCKTAIL**

ESPRESSO MARTINI

Ingrediënten (voor 1 cocktail):

- 1 espresso
- 30 ml wodka
- 30 ml koffielikeur
- 1 beker ijsblokjes
- 3 koffieboontjes

Bereidingswijze:

- Doe de espresso, wodka en koffielikeur in een cocktailshaker (of goede afsluitbare beker).
- Voeg hier de ijsblokjes aan toe.
- Shake dit ongeveer 2 minuten. Let op, dit moet je goed doen, anders ontstaat er geen mooi schuimlaagje.
- Als je cocktailshaker geen zeef in de top heeft, kun je de cocktail door een fijne zeef gieten in een sierlijk (Martini-)glas.
- Maak de cocktail af met 3 koffieboontjes.

MOSCOW MULE

Ingrediënten (voor 1 cocktail):

- 5 ijsblokjes
- 1 limoen
- 45 ml wodka
- 150 ml gemberbier
- 1 takje munt

Bereidingswijze:

- Vul een mok met de ijsblokjes.
- Snijd de helft van de limoen in plakjes en knijp de andere helft uit boven de mok.
- Voeg de wodka en het gemberbier toe en roer goed door.
- Garneer met een schijfje limoen en een takje munt.

SCROPPINO

Ingrediënten (voor 1 scroppino):

- 60 ml prosecco
- 10 ml wodka
- 125 ml citroensorbetijs
- ¼ limoen

Bereidingswijze:

- Zorg ervoor dat de prosecco en wodka al minstens 2 uur in de koelkast staan, zodat deze goed koud zijn.
- Snijd de limoen in dunne schijfjes.
- Doe het citroensorbetijs in een blender. Voeg de prosecco en wodka toe en blend tot een gladde massa.
- Schenk de scroppino over in een champgneflûte en steek een limoenschijfje op het glas. Serveer direct!

Tip

Heb je geen blender, doe alles dan in een kom en klop het met een garde.

DINER

GEVULD TURKS BROOD • ZOETE AARDAPPELSOEP MET AL JE GROENTERESTJES • LOADED FRIES HAMBURGERBUFFET • CARPACCIO PASTASALADE COUSCOUSSALADE • ITALIAANSE PLAATTAART RESTJESQUICHE • RODE CURRY MET GARNALEN ORZO UIT DE OVEN

GEVULD TURKS *brood*

BEREIDINGSTIJD: 15 MINUTEN

Ingrediënten (voor 1 gevuld brood):

- 1 Turks afbakbrood
- 250 g kipfilethaasjes
- 1 paprika
- 150 g gesneden witte kool
- 3 el sojasaus
- 1 hand ijsbergsla
- 3 el mayonaise
- 1 tl wasabi
- 1 el chilisaus

Bereidingswijze:

- Verwarm de oven voor op 200 graden.
- Snijd de bovenkant van het brood eraf en hol het brood uit. Bak het brood volgens de aanwijzingen op de verpakking.
- Snijd ondertussen de kipfilethaasjes in kleinere reepjes en de paprika in kleine stukjes.
- Verhit een scheutje olie in een koekenpan en bak de kipfilethaasjes 5 minuten. Voeg daarna de paprikareepjes, de witte kool en de sojasaus toe en bak nog 5 minuten.
- Meng de mayonaise met de wasabi, nu heb je Japanse mayo!
- Verdeel de ijsbergsla over het brood en verdeel daarover het kip-groentemengsel.
- Serveer met de Japanse mayonaise en chilisaus.

Vegatip

Vervang de kipfilethaasjes door cashewnoten gebakken in sojasaus.

ZOETE AARDAPPELSOEP
met al je groenterestjes

BEREIDINGSTIJD: 25 MINUTEN

Ingrediënten (voor 2 personen):

- 1 ui
- 1 courgette
- 1 groentebouillonblokje
- 1 prei
- 3 zoete aardappels
- scheutje kookroom
- peper en zout

Bereidingswijze:

- Pel en snipper de ui, snijd de courgette in grove stukken.

- Verwarm een scheutje olie in een soeppan en bak de ui even 2 minuten aan. Voeg daarna de courgette toe en bak nog eens 2 minuten.

- Breng ondertussen 800 ml water aan de kook en voeg hier het bouillonblokje aan toe.

- Maak de prei schoon en snijd in dunne ringen. Schil de zoete aardappels en snijd in kleine blokjes.

- Voeg de zoete aardappelblokjes en prei toe aan de pan met ui en courgette, gevolgd door de bouillon. Breng aan de kook en kook 15 minuten.

- Pureer de soep met een staafmixer en breng op smaak met peper en zout.

- Verdeel de soep over twee kommen en serveer met een scheutje kookroom.

LOADED FRIES

BEREIDINGSTIJD: 20 MINUTEN

Ingrediënten (voor 2 personen):

- 450 g ovenfrietjes
- 40 g jalapeños uit blik
- 1 paprika
- 1 rode ui
- 100 g chorizo in blokjes
- 150 g geraspte kaas

Bereidingswijze:

- Bereid de frietjes zoals aangegeven op de verpakking.
- Snijd de jalapeños in stukjes. Doe hetzelfde met de paprika. Snijd de ui fijn.
- Haal 8 minuten voor tijd de frietjes uit de oven en verdeel de jalapeños, rode ui, paprika en chorizoblokjes over de frietjes.
- Maak af met de geraspte kaas en bak nog 8 minuten in de oven totdat de kaas gesmolten is. Serveer en val aan!

(vega)hamburgers, broodjes, gebakken rode ui-ringen, augurkjes, sla, bacon, plakken kaas, gegrilde courgettelinten, avocado, gebakken uitjes en een home made big mac-sausje.

HOME MADE BIG MAC-SAUSJE

Maak het sausje door 3 el Griekse yoghurt, een kwart rode ui gesnipperd, 3 augurkjes in stukjes, 1 tl witte wijnazijn, 1 tl mosterd, 5 tl passata en een flinke snuf peper en zout door elkaar te mengen.

HAMBURGER *buffet*
met jaarclub

Bijna mijn twee lievelingswoorden bij elkaar. Hamburger en buffet. Ja, dit is een soort do it yourself hamburger-idee. Weer ontzettend gezellig als je met een groep bent. Ja mensen, ik hou nu eenmaal van eten en borrelen met een grote groep vrienden, haha.

CARPACCIO *pastasalade*

BEREIDINGSTIJD: 15 MINUTEN

Ingrediënten (voor 2 personen):

- 150 g penne
- 85 g pijnboompitten
- 200 g carpaccio
- 100 g Parmezaanse kaas
- 4 handjes rucola
- 3 el truffelmayo

Bereidingswijze:

- Kook de pasta volgens de aanwijzingen op de verpakking.
- Rooster ondertussen de pijnboompitten in een droge koekenpan goudbruin.
- Snijd de carpaccio in reepjes en rasp de Parmezaanse kaas grof.
- Meng de pasta met de carpaccio, rucola, pijnboompitten en Parmezaanse kaas en serveer op twee borden.
- Drizzle de truffelmayo over de salades.

Vegatip

Vervang de carpaccio door dunne plakjes rode, gekookte biet.

COUSCOUSSALADE
met jaarclub

Couscoussalade is iets wat we best vaak op de Hotelschool eten, omdat het makkelijk te maken is voor een (jawel, zijn we weer!) grote groep. Het is ook nog eens gezond en erg lekker. Natuurlijk ook prima te maken als je met z'n tweetjes bent. Daarnaast handig om mee te nemen naar het park of als gezonde lunch to go. **BEREIDINGSTIJD: 15 MINUTEN**

Ingrediënten (voor 4 personen):

- 1 groentebouillonblokje
- 300 g couscous
- 1 appel
- 1 avocado
- 4 tomaten
- ½ komkommer
- 1 hand walnoten
- 2 tl mosterd
- 2 el rode wijnazijn
- 2 tl honing
- 5 el olijfolie (liefst extra vierge)
- 3 handjes rucola
- 150 g granaatappelpitjes
- 100 g feta
- peper en zout

Bereidingswijze:

- Kook 250 ml water in een pan, los het groentebouillonblokje hierin op en voeg de couscous toe. Laat met de deksel op de pan staan tot je klaar bent met de rest van het eten.

- Snijd ondertussen de appel in kleine stukjes, de avocado en tomaat in schijfjes en de komkommer in kleine stukjes.

- Hak de walnoten grof.

- Maak een dressing van de mosterd, rode wijnazijn, honing en olijfolie. Breng op smaak met peper en zout.

- Meng de couscous met de dressing, appel, avocado, tomaat en komkommer. Voeg twee handjes rucola toe en meng nog kort door.

- Verdeel de couscous over de borden en maak af met de granaatappelpitjes, walnoten en feta.

ITALIAANSE PLAATTAART

BEREIDINGSTIJD: 25 MINUTEN

Ingrediënten (voor 2 personen):

- 1 aubergine
- 1 paprika
- 1 rol vers bladerdeeg
- 180 g ricotta
- 3 el rode pesto
- 100 g Parmezaanse kaas (geraspt)
- 40 g pijnboompitten
- peper en zout

Bereidingswijze:

- Verwarm de oven voor op 180 graden.
- Snijd de aubergine in dunne ronde plakjes en de paprika in dunne reepjes.
- Verhit een scheutje olie in een grillpan en gril de groenten zo'n 3 minuten tot ze een mooie grillstreep hebben. Breng op smaak met peper en zout.
- Rol het bladerdeeg (met het bakpapier naar beneden) uit op een bakplaat.
- Vouw de randjes van het bladerdeeg om en prik met een vork gaatjes in het middelste gedeelte van het bladerdeeg.
- Meng de ricotta met de rode pesto.
- Bestrijk het bladerdeeg met het ricottapesto-mengsel.
- Verdeel de groenten over de plaattaart en garneer met de Parmezaanse kaas en pijnboompitjes.
- Bak de plaattaart in zo'n 15 minuten goudbruin.
- Verdeel de plaattaart over twee borden en serveer.

RESTJESQUICHE

Deze restjesquiche is easy peasy als je nog restjes groente en vlees hebt liggen. Misschien moet je wel nog even bladerdeeg in huis halen. Maar mocht je dat standaard in huis hebben, dan ben je nog sneller klaar. **BEREIDINGSTIJD: 55 MINUTEN**

Ingrediënten (voor 1 quiche):

- ½ ui
- ½ paprika
- ½ courgette
- 100 g gerookte kip
- 4 eieren
- 200 g kwark
- 100 g geraspte kaas
- 1 rol hartige taartdeeg
- peper en zout

Bereidingswijze:

- Verwarm de oven voor op 180 graden.
- Pel en snipper de ui. Snijd de groenten en gerookte kip in blokjes.
- Klop de eieren met de kwark en wat peper en zout los tot een gladde massa. Voeg hier de groenten, gerookte kip en kaas aan toe.
- Bedek de bodem van een springvorm met bakpapier en vet de randen in met een drupje olie. Bedek de vorm met het hartige taartdeeg.
- Giet het mengsel over de bodem.
- Zet in de oven en bak zo'n 45 minuten totdat de quiche goudbruin is.

Tip

Je kunt enorm variëren met de ingrediënten. Wat je ook in je koelkast hebt liggen, kan erin. Een stronkje broccoli, zongedroogde tomaatjes, een overgebleven lente-uitje... **Vegatip:** dit gerecht vegetarisch maken? Voeg wat meer groenten in plaats van de kip toe.

RODE CURRY MET GARNALEN

Ik heb dit recept een beetje aangepast, normaal maak je curry namelijk vaak met kokosmelk. Maar ik houd helemaal niet van kokos! Als vervanger kun je Griekse yoghurt gebruiken, echt ontzettend lekker.

BEREIDINGSTIJD: 25 MINUTEN

Ingrediënten (voor 2 personen):

- 250 g sperziebonen
- 200 g broccoli
- 180 g zilvervliesrijst
- 1 knoflook
- 1 ui
- 100 g grote garnalen
- 2 el rode currypasta
- 300 g Griekse yoghurt
- 1 handje koriander

Bereidingswijze:

- Dop de sperziebonen en halveer ze. Snijd de broccoli in kleinere roosjes. Kook de sperziebonen en broccoli 5 minuten en giet daarna af.

- Kook ondertussen de rijst volgens de aanwijzingen op de verpakking en snijd het knoflookteentje en de ui fijn.

- Verhit een scheutje olie in een koekenpan en fruit de ui en knoflook 2 minuten. Voeg daarna de garnalen toe en bak nog 3 minuten mee.

- Doe vervolgens de rode currypasta in de pan, samen met de sperziebonen en broccoli en roer goed door. Voeg dan de Griekse yoghurt toe en laat het geheel 8 minuten zachtjes pruttelen.

- Snijd ondertussen de koriander grof. Verdeel de rijst over twee borden, serveer de curry ernaast en garneer met de koriander.

Vegatip

Liever geen garnalen?
Dit is ook heerlijk met tempeh!

ORZO UIT *de oven*

Dit is zo lekker! En wat heel handig is, is dat je dit ook weer makkelijk voor een groep kunt maken omdat je er niet de hele tijd voor in de keuken hoeft te zijn. Wel zo gezellig als je met vrienden bent.

BEREIDINGSTIJD: 35 MINUTEN

Ingrediënten (voor 4 personen):

- 2 teentjes knoflook
- 1 ui
- 1 blikje tomatenpuree
- 300 g orzo
- 1 blikje cherrytomaten (ik gebruik Mutti Pomodorini di collina à 425 ml per blikje)
- 2 blikjes tonijn
- 150 g Parmezaanse kaas
- 2 el Italiaanse kruiden
- 3 tomaten
- 3 el kappertjes
- peper en zout

Bereidingswijze:

- Verwarm de oven voor op 200 graden.
- Pers de knoflook en snijd de ui fijn.
- Verwarm een scheutje olijfolie in de koekenpan en bak de knoflook samen met de ui aan. Voeg de tomatenpuree toe en laat dit zo'n 3 minuten meebakken.
- Voeg aan de koekenpan de orzo toe en laat kort meebakken.
- Voeg 150 ml water, het blikje cherrytomaten en de blikjes tonijn toe. Meng 100 gram Parmezaanse kaas en de Italiaanse kruiden erdoor en voeg een snuf peper en zout toe.
- Schep de orzo over in een ovenschaal. Snijd de tomaten in dunne schijfjes en leg de schijfjes en kappertjes op de orzo. Verdeel de overige Parmezaanse kaas over de ovenschaal en zet ongeveer 25 minuten in de oven.
- Haal de orzo uit de oven en geniet ervan!

FAMILIE RECEPTEN

POKÉ BOWL VAN MIJN ZUSJE LEO • MACARONISCHOTEL VAN MAMMIE • GEFRITUURDE KABELJAUWSLIERTEN ZWEEDSE GEHAKTBALLETJES VAN PAPPIE • NACHO'S VAN MIJN BROER CLAUS • SALADE MET ZOETZURE KIP VAN FLEUR WENTELTEEFJES VAN MAMMIE • BANANENBROOD VAN KELLY

POKÉ BOWL VAN MIJN ZUSJE *Leo*

Dit gerecht is *dedicated* aan mijn kleine zusje Leonore. Van jongs af aan zijn we al erg close. Iets wat we vaak samen deden, was koekjes bakken. Nu doen we dat jammer genoeg minder vaak, maar we houden wel nog steeds allebei van lekker eten :) Iets wat Leo erg goed kan maken, is – je voelde 'm al aankomen waarschijnlijk – een poké bowl.

BEREIDINGSTIJD: 20 MINUTEN

Ingrediënten (voor 2 personen):

- 150 g sushirijst
- 120 g verse zalm
- 1 mango
- 1 avocado
- 1 halve komkommer
- 100 g edamame (sojaboontjes)
- 80 g wakame
- 20 g wortel julienne
- 1 el zwarte sesamzaadjes

Bereidingswijze:

- Kook de rijst volgens de aanwijzingen op de verpakking. Breng op smaak met een beetje zout.
- Snijd de zalm en de mango in kleine blokjes.
- Verwijder de pit uit de avocado en snijd de avocado in plakjes. Snijd de komkommer ook in dunne plakjes.
- Verdeel de rijst over twee kommen. Verdeel vervolgens de zalm, mango, avocado, komkommer, edamame, wakame en wortel julienne erover.
- Maak af met de sesamzaadjes en serveer.

MACARONISCHOTEL VAN *mammie*

Mijn moeder kookt niet heel vaak. Ze zei vroeger ook altijd dat ze niet kon koken. Zelf vind ik dit laatste totale onzin. En deze macaronischotel is hier het bewijs van. Dit is een snel en ontzettend lekker gerecht om te maken als avondeten! **BEREIDINGSTIJD: 25 MINUTEN**

Ingrediënten (voor 2 personen):

- 150 g (volkoren)macaroni
- 1 ui
- 1 teentje knoflook
- 1 courgette
- 3 tomaten
- 100 ml passata
- 100 g geraspte kaas
- peper en zout

Bereidingswijze:

- Verwarm de oven voor op 200 graden.
- Kook de macaroni volgens de aanwijzingen op de verpakking en giet af.
- Pel ondertussen de ui en knoflook en snijd de ui in stukjes en de knoflook fijn. Verwarm een scheutje olie in een koekenpan en bak de ui en knoflook zo'n 5 minuten.
- Snijd vervolgens de courgette en tomaten in kleine blokjes.
- Voeg na 5 minuten de groenten toe aan de ui en knoflook en bak nog 5 minuten mee. Voeg tot slot de passata toe en roer goed door. Breng op smaak met wat peper en zout.
- Meng de macaroni door het groentemengsel en verdeel over een ovenschaal. Strooi de geraspte kaas erover en zet de schotel ongeveer 10 minuten in de oven. De schotel is klaar wanneer de kaas is gesmolten.
- Verdeel de macaroni over twee borden en serveer!

Gefrituurde KABELJAUWSLIERTEN

Dit is echt een favoriet van vroeger. Ik had het allang niet gegeten, zo'n zeven jaar om precies te zijn. Maar toen ik het laatst weer at, kreeg ik een erg nostalgisch gevoel. Ik hoop dat jullie het net zo lekker vinden als ik het vind! Enjoy! **BEREIDINGSTIJD: 35 MINUTEN**

Ingrediënten (voor 2 personen):

- 1 courgette
- 200 g wortel
- 200 g witte rijst
- 4 kabeljauwfilets
- 100 g bloem
- 2 eieren
- 150 g paneermeel
- 500 ml zonnebloemolie
- peper en zout

Voor de remouladesaus:

- 1 sjalotje
- 25 g kappertjes
- 25 g augurk
- 1 handje verse peterselie
- 1 handje verse dragon
- 1 handje verse kervel
- 150 g mayonaise
- peper en zout

Bereidingswijze:

- Verwarm de oven voor op 180 graden.

- Snijd voor de remouladesaus de sjalot, kappertjes, augurk, peterselie, dragon en kervel in kleine stukjes. Maak de remouladesaus door alle ingrediënten van deze saus met de mayonaise te mengen. Breng op smaak met peper en zout.

- Snijd de courgette in halve plakjes en de wortel in reepjes. Leg de groenten op een met bakpapier beklede ovenplaat, breng op smaak met olijfolie, peper en zout en bak de groenten zo'n 15 minuten in de oven.

- Breng ondertussen een pan water aan de kook en kook de rijst volgens de aanwijzingen op de verpakking.

- Snijd ondertussen de kabeljauwfilets in lange repen (3 tot 4 repen per filet).

- Bestrooi de kabeljauw met peper en zout.

- Rol de sliertjes kabeljauw door de bloem en klop goed uit.

- Split de eieren en bewaar het eiwit. Klop het eiwit los en haal de kabeljauwsliertjes hierdoor. Haal ze vervolgens door het paneermeel.

- Verhit de olie in een diepe koekenpan of wok en frituur hierin de kabeljauwslierten zo'n 6 minuten om en om goudbruin.

- Verdeel de kabeljauwreepjes over de borden, serveer met de saus, de rijst en de groenten.

THE NEW YORK TIMES INTERNATIONAL EDITION
ARTS

ZWEEDSE GEHAKTBALLETJES VAN *pappie*

Deze gehaktballetjes maakte pappie vaak toen ik klein was, en ze zijn zo lekker, zeker met de saus. Ik mixte vroeger de balletjes, saus, rijst en bonen op m'n bord helemaal door elkaar. Smaakt echt top, hoor!

BEREIDINGSTIJD: 40 MINUTEN

Ingrediënten (voor 2 personen):

Voor de balletjes:

- 2 sjalotjes
- 300 g rundergehakt
- 35 g paneermeel
- 5 g zout
- 1 snuf peper
- 1 snuf nootmuskaat
- 1 ei
- 1 handje gehakte peterselie

Voor de roomsaus:

- 1 runderbouillonblokje
- 50 g bloem
- 35 g boter
- 200 ml room

Voor erbij:

- 200 g witte rijst
- 200 g sperziebonen

Bereidingswijze:

- We maken eerst de roomsaus: zet 1 liter water op en voeg hier het runderbouillonblokje aan toe.

- Voeg de bloem en de boter samen in een steelpannetje en zet deze op middelhoog vuur. Roer goed door met een garde en laat dit een paar minuten rustig bakken. Voeg vervolgens de bouillon en room toe aan de pan en roer goed door. Laat nog zo'n 4 minuten zachtjes inkoken en breng op smaak met een flinke snuf peper en zout.

- Snipper de sjalotjes fijn. Meng het gehakt met het paneermeel, zout, de peper, de nootmuskaat, het ei, ¾ van de peterselie en de sjalot tot een geheel.

- Draai hier ongeveer 16 balletjes van.

- Breng ondertussen twee nieuwe pannen water aan de kook. Kook in de ene pan de rijst volgens de aanwijzingen op de verpakking. Dop de sperziebonen en snijd ze in tweeën. Kook de sperziebonen in de andere pan zo'n 7 minuten tot ze beetgaar zijn.

- Verhit een flinke scheut olie in een diepe koekenpan of wok en bak de balletjes hier zo'n 6 minuten in tot ze goudbruin en gaar zijn.

- Serveer de balletjes met de roomsaus, rijst en sperziebonen.

NACHO'S VAN MIJN BROER *Claus*

Mijn broer Claus zei een keer dat hij die avond wilde koken. Hij had toen een nachoschotel gemaakt. En geloof me, die was zó ontzettend lekker. The key: een dubbele laag van alles. **BEREIDINGSTIJD: 15 MINUTEN**

Ingrediënten (voor 2 personen):

- 1½ ui
- 1 rode paprika
- 200 g gehakt
- 1 zakje Mexicaanse kruiden
- 200 g nachochips
- 150 g geraspte kaas
- 1 avocado
- 1 halve limoen
- ¼ rode peper
- peper en zout

Bereidingswijze:

- Verwarm de oven voor op 200 graden.
- Pel en snipper de uien. Houd hier 1/3 van apart. Snijd ook de paprika in stukjes.
- Verwarm ondertussen een scheutje olie in een koekenpan en bak het gehakt samen met de Mexicaanse kruiden goudbruin.
- Doe de helft van de nachochips in een ovenschaal en strooi hier de helft van de ui, de paprika, het gehakt en de geraspte kaas overheen.
- Verdeel vervolgens de rest van de nachochips over de ovenschaal, gevolgd door de ui, paprika en geraspte kaas. Zet de ovenschotel in de oven en bak de nacho's zo'n 7 minuten, totdat de kaas gesmolten is.
- Maak de guacamole door de avocado te schillen en prakken. Pers een halve limoen boven een kommetje en voeg hier de geprakte avocado aan toe.
- Snijd de rode peper fijn. Meng de guacamole met de overgebleven ui en rode peper. Breng op smaak met peper en zout.
- Haal de nacho ovenschotel uit de oven en laat kort afkoelen.
- Serveer de nacho's samen met de guacamole.

SALADE MET ZOETZURE KIP VAN *Fleur*

Fleur is een dierbare vriendin van mijn ouders. Ze is bijna 75, maar superjong van geest. Zij echt een voorbeeld voor me. Ze heeft bijna een jaar bij ons gewoond en kookt als de beste. Ze voelt als familie.

BEREIDINGSTIJD: 20 MINUTEN

Ingrediënten (voor 2 personen):

- 1 halve broccoli
- 100 g groene aspergetips
- ½ ui
- 300 g kipfiletblokjes
- 2 cm gember
- 1 teentje knoflook
- 1 el balsamico cremissimo
- 2 el sojasaus
- 3 el sweet chilisaus
- 20 g pijnboompitten
- 1 hand spinazie
- 1 hand veldsla
- 2 el extra vierge olijfolie
- 50 g granaatappelpitjes
- peper en zout

Bereidingswijze:

- Breng een pan water aan de kook. Snijd de broccoli in roosjes. Kook de broccoliroosjes en groene aspergetips tot ze beetgaar zijn.

- Pel en snipper de halve ui. Verhit een scheutje olie in een diepe koekenpan en fruit hier de ui kort in aan op halfhoog vuur. Voeg de kipfiletblokjes toe en laat 5 minuten doorbakken.

- Snijd de gember fijn en pers de knoflook uit. Voeg toe aan de kip en laat 3 minuten meebakken. Voeg tot slot de balsamico, sojasaus en sweet chilisaus toe en laat nog 2 minuten door pruttelen.

- Verhit een droge koekenpan en bak hier de pijnboompitjes kort in aan.

- Meng de spinazie en veldsla in een grote kom door elkaar en breng op smaak met de olijfolie, peper en zout.

- Serveer de kip met de broccoli, aspergetips, pijnboompitjes en granaatappelpitjes op de veldsla en spinazie.

WENTELTEEFJES VAN *mammie*

Toen ik de recepten koos voor het hoofdstuk Familierecepten, wist ik 100% zeker dat deze wentelteefjes in het boek moesten komen. Het zijn de wentelteefjes van mijn moeder en we eten ze altijd als we gaan brunchen. Hierbij verklap ik haar geheim: gebruik suikerbrood in plaats van gewoon brood! **BEREIDINGSTIJD: 10 MINUTEN**

Ingrediënten (voor 2 personen):

- 100 ml melk
- 1 ei
- 1 zakje vanillesuiker (of normale suiker)
- 1 tl kaneel
- 30 g boter
- 4 sneetjes suikerbrood

Bereidingswijze:

- Klop de melk, het ei, de vanillesuiker en de kaneel met een vork los in een diep bord.
- Verwarm een klontje boter in een koekenpan.
- Haal de sneetjes suikerbrood door het ei-melkmengsel en leg ze in de koekenpan.
- Bak ze in zo'n 3-4 minuten aan beide kanten goudbruin en bestrooi ze tijdens het bakken met wat extra kaneel als je daarvan houdt.
- Leg de wentelteefjes op de borden en serveer. En ja hoor, dat mag best met nog wat extra suiker of kaneel, haha.

BANANENBROOD VAN Kelly

Kelly is een Braziliaanse vrouw die met mammie samenwerkt. Ze heeft een groot hart. Als ze dit bananenbrood maakt, wordt iedereen vrolijk. Met dit recept maak je wat mij betreft echt het beste bananenbrood ooit. Waar wacht je nog op? ;-) **BEREIDINGSTIJD: 60 MINUTEN**

Ingrediënten (voor 1 bananenbrood):

- 3 grote bananen
- 105 g ongezouten roomboter
- 180 g witte basterdsuiker
- 8 g vanillesuiker
- 2 eieren
- 70 g crème fraîche
- 250 g tarwebloem
- 2 tl bakpoeder
- 1 tl kaneel
- 1 snufje zout
- 1 hand walnoten

Bereidingswijze:

- Verwarm de oven voor op 170 graden en bekleed een cakevorm met bakpapier.
- Prak de bananen.
- Meng de boter, basterd- en vanillesuiker in een keukenmachine of met een mixer kort tot een bijna glad mengsel. Voeg mixend de eieren 1 voor 1 toe en mix vervolgens ook de crème fraîche door het mengsel.
- Zeef in een grote kom de bloem, het bakpoeder, de kaneel en het zout. Voeg dit toe aan het andere mengsel en mix nog even kort door.
- Schep vervolgens de bananenpuree door het beslag. Hak tot slot de walnoten grof en roer deze door het beslag.
- Giet het mengsel in een cakevorm en zet in de oven. Bak het bananenbrood in zo'n 50 minuten gaar.
- Haal het bananenbrood uit de oven en laat even afkoelen.

DANKWOORD

Dit boek was niet mogelijk geweest zonder de geweldige mensen die me hebben geholpen. Niet alleen door fysiek mee te werken, maar ook door mentale steun te geven.

Allereerst, het hele team achter de schermen. **Sophie, Carlijn, Thea** en **Joyce**; ik wil jullie ontzettend bedanken voor het maken van prachtige foto's, heerlijk koken, mijn tekst en gedachten beter te verwoorden en de perfecte vormgeving te maken. Dank jullie wel.

En daarnaast **Esmée**, jij die zulke mooie foto's van mij heeft gemaakt en me de hele tijd op mijn gemak heeft laten voelen. En **Sjardé**, dank je voor je amazing make-up en haarkunsten. En ook jij bedankt **Valérie**, je hebt me zo geholpen met de gaafste outfits uit te kiezen.

Dan liefste **Alix**, dankje voor je eindeloze inzet en hulp. Jij kent mij al zo lang en hebt me zien opgroeien tot de persoon die ik nu ben. Daarom ben ik zo blij dat ik jou ook in dit proces heb betrokken.

Ik had het over mentale steun, en die heb ik absoluut van mijn vrienden gekregen. **Vrienden** van thuis in Den Haag, maar ook van de Hotelschool. Dank jullie wel dat jullie me accepteren hoe ik ben, en me door de leuke en wat moeilijkere tijden doorsleuren.
Ik zou wel 40 namen kunnen opnoemen, maar ik denk dat dat net te lang wordt. Ik meen het als ik zeg dat ik me het meest mezelf voel rond jullie, en daar ben ik zo dankbaar voor. Ik hoop dat ik jullie nooit kwijtraak.

En dan jullie twee. **Nina** en **Elise**. The amazing duo. Jullie hebben mij samen zo geholpen door dit proces te komen. Jullie hebben me geleerd om duidelijk te maken wat ik wil en dat er geen grenzen aan mijn ideeën zijn. Zonder jullie was dit never nooit gebeurd. Ik hou van jullie gekkigheid, openheid en gezelligheid, en wil jullie voor altijd in mijn leven hebben.

And last but certainly not least, de beste familie in de wereld. Degenen die in mijn chaos worden gesleurd en mij door alles heen steunen. **Leo** en **Claus**, kleintjes van me, ik word altijd zo blij als jullie zo vrolijk reageren als ik met iets nieuws kom wat betrekking heeft tot social media. Het geeft me een enorme positieve boost. En dan de beste ouders op deze aardbol, **mammie** en **pappie**. Jullie zijn mijn rock. Jullie steunen me in alles wat ik doe, maar geven me ook de afstand om zelf te groeien en het zelf uit te vogelen. Ook al kan het soms misgaan, jullie zijn er nog steeds voor me. Ik kan niet in woorden beschrijven hoe dankbaar ik voor jullie ben.

Er is in 2020 en 2021 zo veel gebeurd voor mij. Ik had nooit gedacht dat mezelf openstellen op het internet zo een grote impact zou hebben. Ik heb van alles geleerd, veel meegemaakt en ik ben zo gegroeid. En daarom ben ik ook dankbaar voor jou als lezer, want zonder jou was ik nooit zo ver gekomen.

INDEX

INDEX